Rudolf Peiper

Q. Valerius Catullus Beiträge zur Kritik seiner Gedichte

Rudolf Peiper

Q. Valerius Catullus Beiträge zur Kritik seiner Gedichte

ISBN/EAN: 9783743436992

Hergestellt in Europa, USA, Kanada, Australien, Japan

Cover: Foto ©ninafisch / pixelio.de

Manufactured and distributed by brebook publishing software (www.brebook.com)

Rudolf Peiper

Q. Valerius Catullus Beiträge zur Kritik seiner Gedichte

Q Valerius Catullus

Beiträge zur Kritik seiner Gedichte

von

Rudolf Peiper

Breslau 1875.
Verlag von A. Gosohorsky's Buchhandlung
(Adolf Klepert.)

Meinem theuern schwiegervater

Gustav Adolf von Ziegler

zum 8. august 1875

Die epithalamien des Catullus.

C. LXI

Es wechseln in diesem liede strophen die ein epiphonem schliesst mit andern die eines solchen ermangeln. Ferner geht nicht ein und dasselbe epiphonem durch alle strophen hindurch, sondern nach den einzelnen momenten der handlung, die durch die teile des gedichts, selbständige lieder, repräsentirt werden, macht eins dem andern platz, ja es scheint, dass dieselbe form des epiphonems durch eine leichte änderung für die unterabteilungen der einzelnen lieder variirt worden ist. So werden also die teile des gedichtes durch hinzufügung, oder mangel, oder die abweichenden formen der epiphonems ausgezeichnet und von einander geschieden. Der bildung nach sind die epiphoneme dieses liedes nicht wie sonst gewöhnlich von der eigentlichen strophe gesonderte verse. Während in andern liedern dieser vers ausserhalb der strophe steht und nach bedürfniss hinter strophen von gleicher länge eingeschoben oder auch weggelassen werden kann, wie wir bei Theocrit und bei Catull c. LXII sehen, wo er nur beim wechsel der singenden parteien eintritt, nicht nach jeder strophe: so ist er hier stets integrirender strophenteil; ob er da ist oder felt, die strophe hat stets fünf verse. Während das epiphonem sonst logisch und grammatisch sich vom inhalt der strophe loslöst, und nur die aufgabe zu haben scheint durch seine wiederkehrenden töne den hörer in der stimmung zu erhalten, aus der das ganze lied geflossen ist und die es zu erregen sucht, sind die epiphoneme dieses liedes zum teil syntactisch und metrisch mit der strophe eng verwachsen: nicht nur ein- und zweizeilige bildungen sind es, sondern selbst ein teil des vor- oder drittletzten verses wird von ihnen noch in anspruch genommen.

Wir unterscheiden nun:

I. Teile des liedes, die den refrain ganz entbehren. Das sind:

1. nach der *inuocatio* des *Hymen* die 2. bis 7. strophe (v. 6—35), drei strophenpaare, von denen wiederum das erste und dritte in gegenseitigen bezug gesetzt sind (v. 9 *Laetus huc Huc ueni* — v. 26 *Quare age huc aditum ferens*). Das erste paar schildert den hochzeitlichen schmuck und die festlich heitere stimmung mit der Hymen erscheinen soll; die veranlassung zu seiner berufung und den preis der schönheit der braut das zweite, das dritte wiederholt die einladung zu kommen und die braut ins haus des mannes zu geleiten.

2. Der eigentliche **epithalamius** nach der collocatio der braut v. 191—235, acht strophen oder drei strophenpaare umgeben von proodos und epodos.

Das antistrophische verhältniss dieser paare hat selbst in den worten seinen ausdruck gefunden; es wird ein am schluss der strophe gebrauchter ausdruck im anfang der antistrophe absichtlich vom dichter wiederholt, so im ersten paare: *ne remorare — non remoratus es; nec te Venus neglegit — te Venus iuuerit*; im zweiten: *ludei — ludite*, im dritten: *patrem — patri*; ebenso verknüpft der dichter proode und epode mit der folgenden und vorausgehenden strophe des liedes (*marite — marite, matris — matre*).

3. Die schlussstrophe des ganzen liedes: *claudite ostia*.

II. Teile des liedes, deren sämmtliche strophen den refrain haben. In ihnen sucht der dichter die seiner zeit gebräuchlichen festlieder nachzubilden.

1. Der **hymenaeus** im engeren sinne v. 61—75, eine strophentrias die Catull ausser durch den schliessenden refrain noch besonders ausgezeichnet und zusammengschlossen hat

durch die übereinstimmende form des eingangs: *Non potest —
Nulla quit — Non queat*, auf welche jener antwortet:
> *at potest
> Te uolente : quis huic deo
> Compararier ausit?*

die epode ist etwas freier gebildet, insofern jenes *Non queat*
in den zweiten vers verlegt ist; wenn ausserdem das *at
potest* des refrains in *at queat* verwandelt ist, so kann das nur
ein irrthum der schreiber sein, der nicht verteidigt und festgehalten werden sollte. Es ist auch hier *at potest* herzustellen.
2. Der fescenninus v. 131—140, bestehend aus strophe
und antistrophe mit dem refrain:
> *Concubine nuces da!*

auf den im zweiten verse die anrufung des concubinus vor-
bereitet. Voraus geht dem strophenpaare eine einleitende
proode, 126—130, deren letzter vers mit der nennung des
concubinus nur an den refrain anklingt, ihn selbst aber noch
nicht hat.
3. An den fescenninus schliesst sich das lied, welches während
der deductio und collocatio der braut gesungen wird
an, v. 141—190, in 10 strophen mit dem refrain:
> *O Hymen Hymenaee io
> O Hymen Hymenaee!*

dem wir weiter unten unsre aufmerksamkeit zuwenden werden.

III. Es wechseln strophen mit und ohne refrain regelmässig
ab und zwar verbinden sich stets zwei strophen verschiedener art
zur syzygie, in der allerdings die refrainstrophe ein gewisses
übergewicht behauptet, ob sie nun die erste oder die zweite
stelle hat.
1. In dem teile, welcher der einladung des Hymen folgt,
v. 36—60; hier fordern die Jünglinge, die die ersten sieben
strophen allein sangen, die jungfrauen in zwei strophen auf
ihre bitten mit den ihrigen zu verbinden (vgl. v. 43 mit 26)
und in ihren gesang einzustimmen (v. 38 *agite in modum*;
vgl. die verwandte aufforderung der jungfrauen: *concinite in*

modum); oder vielmehr ihrerseits das lob des Hymen zu verkünden, in den drei folgenden strophen v. 46—60, an die sich der gemeinsam gesungene hymenaeus' v. 61—75 anschliesst.

2. Aehnlich scheint nun auch der einzig noch übrige teil gebildet v. 76—120, den die hdss. lückenhaft überliefern. Von den unter I und II besprochenen bildungen ist dieser teil entschieden ausgeschlossen, ein vierter Fall aber nicht denkbar. Der refrain hat sich erhalten v. 109 f. 119 f. in zwei unversehrten strophen, zwischen denen sich einige fragmentarische verse befinden, welche die handschriften einer strophe zuschreiben. Andere strophen desselben teils, der doch unzweifelhaft als ein vom dichter gleichmässig behandeltes ganze zu betrachten ist, wie es die früher genannten sämmtlich waren, sind ohne refrain gebildet. Nachdem der hymenaeus verklungen und der hochzeitszug beginnen soll, singen, wie aus v. 121 *Tollite o pueri faces* hervorzugehen scheint (vgl. 231 *claudite ostia virgines*), die jungfrauen, die zunächst an der tür des hauses der eltern stehen, v. 76:

Claustra pandite ianuae.
Virgo ades. Viden ut faces
Splendidas quatiunt comas.

Die zögerung der braut macht die ungeduld der vor dem hause harrenden menge rege und nochmals ergeht dieselbe aufforderung, wenn man dem überlieferten texte trauen darf, v. 96:

Prodeas, noua nupta, si
Jam uidetur, ut audias
Nostra uerba . uide ut faces
Aureas quatiunt comas.

Diese strophen geben sich als prooden zu den ihnen folgenden strophen zu erkennen; sie eröffnen zwei teile entsprechenden inhalts: man darf also voraussetzen, dass diese teile auch in der ausdehnung sich einst entsprachen.

Da nun unzweifelhaft auf die zweite derselben (96 ff) zwei strophenpaare folgen (die herausgeber stimmen darin überein), so muss auf eine gleiche anzahl nach der ersten geschlossen werden, und dem fügen sich auch willig die überlieferten strophenreste. Noch mehr begründet wird diese annahme durch herbeiziehung von c. LXII 49 ff., wo der dichter denselben vergleich der braut mit der blume und dem weinstock, des bräutigams mit der ulme an die verse der Sappho sich anlehnend in einer ganz entsprechenden weise durch zwei parallele strophenpaare ausführt, deren verteilung auf Virgines und Pueri ohne weiteres auch auf unser gedicht zu übertragen ist: der pudor der braut wird von ihren genossinnen, der des bräutigams von den jünglingen in je fünf strophen gepriesen. Es wird demnach von v. 76 bis 100 (str. 16 ff.) folgendermassen zu lesen sein:

16   76 *Claustra pandite ianuae.*
                Virgo ades : uiden ut faces
                Splendidas quatiunt comas?
                Sed moraris, abit dies:
                Prodeas noua nupta.

17   81 *Tardet ingenuos pudor*
                — — — . . — . —
                — — — . . — . —
                Quem tamen magis audiens
                Flet quod ire necessest.

18   — — — . . — . —
                — — — . . — . —
                — — — . . — . —
                Sed moraris, abit dies:
                Prodeas noua nupta.

19 86 *Flere desine . non tibi*
       Aruncleia periculum est,
       Nequa femina pulchrior
       Clarum ab oceano diem
       Viderit uenientem.

20 91 *Talis in uario solet*
       Diuitis domini hortulo
       Stare flos hyacinthinus.
    94 **Sed moraris abit dies**
    96 **Prodeas noua nupta.**

Diese 20. strophe ist von allen mit ausnahme Lachmanns so constituirt worden, indem man annahm, der schlussvers sei wegen der wiederholung desselben in str. 21 v. 1 (*Prodeas noua nupta si Jam uidetur*) ausgefallen. Der zweite teil des liedes v. 96—120 würde nun in der tat nicht unpassend damit anheben, dass zur verstärkung der aufforderung der eben vernommene refrain wiederholt würde (vgl. v. 131 in bezug zu v. 128). Es wäre das der eine vorteil, der durch beibehaltung der handschriftlichen fassung von v. 96—100 erreicht würde; ein anderer bestände darin, dass zum verständniss der überlieferten worte eine änderung nicht erforderlich wäre; wenigstens haben sich die neueren über die zweifel früherer gelehrten zu beruhigen gewusst. Diese vorteile kommen jedoch den nachteilen gegenüber, die sich ergeben, nicht in betracht, als deren grösster zu bezeichnen ist, dass der refrain der 21. strophe unvollständig wäre, was sicher mit der sonst befolgten regel nicht harmoniren würde; ja wir hätten in den sechs refrainstrophen dieses liedes drei ohne ordnung willkürlich mit einander wechselnde formen. Denn für die zweite hälfte des gedichtes von v. 96 an hat der dichter den refrain des achten teils nicht ganz unverändert beibehalten; statt der früheren form:

Sed moraris, abit dies:
Prodeas noua nupta!

lautet er jetzt kürzer:

— . — *sed abit dies:*
Prodeas noua nupta.

und der durch ausfall des *moraris* gewonnene raum wird dem texte der strophe zugewiesen. Was kann den dichter anders zu dieser änderung veranlasst haben, als dass der Vorwurf *moraris* von v. 96 an nicht mehr gerechtfertigt erschien? Die braut hat offenbar ihr zögern aufgegeben und ihren gang, nicht unbemerkt von den harrenden, angetreten; sie naht sich langsam in ihrem bangen und erst vers 122 kommt den an der tür zunächst harrenden *uirgines* das *flammeum* zu gesicht. Ob die zeit zwischen dem *Jam uidetur* und dem erblicken des schleiers zur absingung von fünf strophen ausgereicht, könnte nur der fragen, der es dem dichter zugleich verargt, dass er alle weiteren momente des festes in so wenige strophen zusammendrängt. Was der dichter hier den chor singen lässt, musste eben gesungen werden; zugleich musste der chor auf das nahen der braut rechnen, für deren ohren der inhalt der folgenden strophen, das lob ihres künftigen gatten, zunächst bestimmt war. Aus diesen gründen kann ich die handschriftliche fassung der 21. strophe nicht als authentisch anerkennen. Zu dem gesagten gesellt sich erstens noch eine besondere abneigung gegen das trostlose flickwort *si*, die ich mit früheren bearbeitern theile: kann man wirklich glauben, der dichter würde, wenn er die worte des refrains wiederholen wollte, keinen bessern ausweg gefunden haben, als sie durch dies *si* zu entstellen? zweitens aber die warscheinlichkeit, dass der dichter den worten:

uiden ut faces
Aureas quatiunt comas

in den entsprechenden strophen auch dieselbe stellung angewiesen haben wird, also wie in der 16. strophe im 2. und 3. verse, nicht im 3. und 4.: gründe zur abweichung, wie sie etwa in v. 72 bei der stellung des *non queat* vorlagen, sind in dieser strophe nicht zu erkennen. Aehnliche erwägungen haben F. Hand bei der anordnung der 21. strophe geleitet: er nahm an, dass der zweite teil des refrains von str. 20 nicht ausgefallen, sondern in v. 96 erhalten sei, tilgte *si*, begann mit *Jam uidetur* die folgende strophe und schob zwischen 99 und 100 den ersten refrainvers ein: in der fassung des strophenanfangs und dieses refraintheils allein muss ich von Hand abweichen, denn das *moraris* hat keine berechtigung mehr. Was stand aber in der lücke die nun vor *sed abit dies* entsteht? Ich denke die änderung des *splendidas* in *aureas*, unmotivirt wie sie ist — denn schwerlich dürfte der dichter, wenn er variiren wollte, zunächst dies adjectiv ins auge gefasst und dafür wiederum nur ein synonym gesetzt haben — nebst dem von der hdsch. gegebenen *audias* im ersten verse führt darauf eben diese mahnung einzusetzen, darüber aber in die vorausgehende zeile das ausgedrängte *splendidas*, dessen functionen ein interpolator dem eindringling *aureas* übertragen hat. Demnach lese ich:

21 97 *Jam uidetur et audiet*
         Nostra uerba . uide ut faces -
    99 *Splendidas quatiunt comas?*
         Audias! sed abit dies:
   100 *Prodeas noua nupta.*

Das ganze lied besteht nun aus 48 strophen. Wie es mit einer einzelstrophe beginnt und schliesst, so bildet den wendepunkt, wo die beiden scenen vor dem hause der braut und vor dem des bräutigams sich scheiden, wiederum eine solche: *Tollite o pueri faces.* Den refrain entnehmen diese einzelstrophen mit ausnahme der letzten, die eines solchen mittels völlig entrathen kann, den teilen des liedes, zu denen sie hinüberführen.

Den mittelpunkt des ganzen bildet der unterwegs gesungene fescenninus str. 27—29, umschlossen von je 2×5 strophen, vor ihnen und hinter ihnen in je 8 strophen der hymenaeus und der epithalamius; so steht nur das prohoemium str. 2—7 ohne ein respondirendes glied da.

Suchen wir ferner die frage, wie die verteilung des ganzen unter die chöre der *Pueri* und *Virgines* zu denken ist, zu beantworten.

Ganze reihen von strophen sind nur von den *Pueri* gesungen,
so das prohoemium; denn dieselben fordern erst str. 8 v. 38 ff.
die Virgines zum singen auf; diese aufforderung bezweckt ausdrücklich nicht eine vereinigung zum gemeinsamen gesange, nur
der *modus* des gesanges wird jenen vorgeschrieben:

agite in modum,
dicite: o Hymenaee Hymen,
o Hymen Hymenaee.

der erste teil des hymenaeus str. 10—12 wird demnach von den
jungfrauen allein vorgetragen. Die folgenden drei strophen jedoch
scheinen durch ihren drei verse umfassenden refrain, zu dem noch
der gleichklang des ersten verses hinzutritt, ein zusammenwirken
beider chöre im kräftigsten tone anzuzeigen. Ihnen folgt der
wechselgesang der *Pueri* und *Virgines* in je 5 strophen.

Zum *concentus* fordern die Virgines andrerseits die Pueri
auf in der von ihnen allein gesungenen str. 26 (*Tollite*); dieser
concentus aber betrifft diesen *modus*:

o Hymen Hymenaee io
o Hymen Hymenaee!

also noch nicht die zunächst folgenden strophen des fescenninus,
sondern str. 30—39. Und doch ist ein zusammensingen beider
chöre wie beim zweiten teile des hymenaeus durch inhalt und
form für den mittelpunct des ganzen, den fescenninus geboten.
Dazu ist es weder denkbar, dass die *Pueri* jener aufforderung,
sobald nur die *Virgines* geendigt, nicht sofort entsprochen haben
würden (wir müssen also annehmen, dass die *Virgines* fortsingen
bis dahin, wo jener *modus* eintritt), oder gar ihnen zum trotz
einen andern *modus* angestimmt hätten, noch andrerseits, dass
die jungfrauen die weniger decenten anspielungen des fescenninus
allein vorgetragen haben sollten; folglich beginnen zwar die jungfrauen denselben, die jünglinge aber fallen sofort in denselben
ein, um nach demselben das *Jo Hymen* anzustimmen. Dieser
gesang kann also trotz des ausdrucks *concentus* nicht wiederum
von allen stimmen zugleich vorgetragen sein: diesen vollen *concentus* hat sich der dichter für die hauptlieder, hymenaeus und

fescenninus vorbehalten; und die rücksicht auf die ohren der hörer hat ihn abgehalten 3 und 10 strophen in dieser art ihnen zuzumuthen. Es muss also ein amoebaeischer gesang sein, und ein wechsel der chöre strophe um strophe liesse sich mit dem inhalte wohl vereinigen: indessen mit grösserer bestimmtheit ist diese anordnung für den epithalamius von str. 40 an in anspruch zu nehmen, wo wie oben gezeigt stets zwei strophen so zu einander in bezug gesetzt sind, dass man klar erkennt, wie ein chor den andern immer ablöst und ein vom vorsänger gegebenes thema aufgreift. Wir könnten uns darum genötigt fühlen die responsion dieses teils mit dem dem fescenninus vorausgehenden auch auf die verteilung an die *Pueri* und *Virgines* auszudehnen. Der inhalt scheidet das lied ganz ähnlich in zwei teile: in drei strophen werden den neuvereinigten ihre pflichten vorgehalten, in zweien der braut ihre neue heimat gewiesen; dann wird zum beginn des zweiten teils mit *Transfer limen* eine fortführung der handlung entsprechend dem *Jam uidetur* in str. 21 angezeigt, in drei strophen der braut die sehnsucht des gatten geschildert, in den letzten beiden strophen ihre einführung in das *cubile* bezeichnet. Dann würde jedoch entgegen der aufforderung der *Virgines* der erste teil den *Virgines*, der zweite den *Pueri* zufallen müssen (nur die *pueri* können str. 36 f. *Aspice unus ut accubans* singen), wogegen sich indess alles schicklichkeitsgefühl sträubt: darf man gleich nicht prüderie bei den alten voraussetzen, so darf man ihnen doch auch nicht das schamgefühl absprechen. Die klare zerfällung jedes der beiden teile in 3 + 2 strophen scheint uns auf den richtigen weg zu führen. Die stimmung des fescenninus wird in drei strophen, die den *Pueri* zu geben, noch festgehalten, der hinweis auf den häuslichen wirkungskreis in zwei strophen gebührt den *Virgines*, darauf treten wieder in drei strophen die *Pueri* ein und die jungfrauen machen den schluss. Zusammen beginnen sie dann den epithalamius, in welchem sich bald die chöre strophe um strophe entgegnen, um in der letzten (47) sich wieder zu einigen.

Das schema des liedes stellt sich also folgendermassen dar:

(die des refrains entbehrenden strophen sind durch kleinere ziffern bezeichnet, die verschiedenen epiphoneme durch a¹ a² b c¹ c² d, die vereinigung der chöre durch C):

```
            P           P      V              C
   1   2 3.4 5.6 7 | 8 9. 10 11.12 |  13 14 15. |
       a¹             a¹       a¹             b
       prohoemium            hymenaeus I    hymenaeus II

        V                     P                V         C
   16.17 18.19 20. 21.22 23.24 25.  ||  26  |  27 28 29 |
       c¹                    c²            a²        d
       vor dem hause der braut                  fescenninus (unterwegs)

      P        V        P        V       C V P V P V P C
   30 31 32. 33 34. 35 36 37. 38 39.  40.41 42.43 44.45 46.47. | 48
                       a²                       epithalamius    epilogus
              vor dem hause des bräutigams
```

C. LXII

Nicht weil dies lied in den hdsch. hinter c. LXI folgt, besprechen wir es zunächst, sondern weil es in der anlage vieles gemeinsam mit dem vorausgehenden hat. Es sind zwei streng geschiedene teile wahrzunehmen, die der dichter ohne übergänge auf einander folgen lässt: denn man kann es kaum einen übergang nennen, wenn nach dem vorwurf des v. 36 im munde der Juuenes:

at lubet innuptis ficto te carpere questu

die *Virgines* die zurückhaltung der jungfrauen zu verteidigen suchen; noch weniger, wenn nach dem Thuaneus *(lucet) licet* herzustellen sein sollte: der logische zusammenhang, die motivirung des folgenden durch das vorangehende, ist allerdings vorhanden. Wie in c. LXI der dichter mit Hymen beginnt, uns in die festfeier einführt, die verbindung zwischen den chören der *Pueri* und *Virgines* sich vollziehen lässt und zum preis des Hymen im Hymenaeus zurückkehrt, (v. 1—75), so geht er hier vom Hesperos aus, deutet zeit und veranlassung an, lässt die chöre zum wechselgesang, weniger freundlich wie dort, einander gegenübertreten, der hier im preise des Hesperos gipfelt, v. 20—31. Im schluss dieses teils lässt der dichter den ton sinken: v. 32—39, denn er braucht die volleren töne für den zweiten teil, in welchem ähnlich wie in c. LXI v. 76—120 die züchtigkeit der jungfrau von den *Virgines*, von den *Iuuenes* der vorzug, den ihr die ehe gibt, gepriesen wird. Dem weiteren streite machen die jünglinge durch den keine widerrede mehr duldenden und so die parteien einenden hinweis auf die pflicht des kindlichen gehorsams ein ende.

Es ist nicht abzusehen, was diesem liede noch fehlen sollte. Es sind keine lücken nachweisbar von einer ausdehnung wie Lachmann sie angenommen hat. Es führt keine spur darauf, dass Catull noch andere der in c. LXI behandelten themata hier habe ausführen wollen und vom sollen und müssen darf in dieser beziehung keine rede sein; das können, wenn er wollte, wird dem dichter damit nicht abgesprochen. Aber selbst eine annahme kleinerer lücken von acht und neun versen am ende des ersten teils ist ungerechtfertigt: der dichter darf in dem kleinen gefecht das sich entsponnen hat, nicht so lange fortfahren; die lyrischen töne aber wieder anschwellen zu lassen von den doppelstrophen beider chöre v. 39 ff. reicht der raum nicht aus.

Den höheren schwung nun, um es nochmals auszusprechen, den der dichter in die strophen 5, 6 und 9—12 gelegt, hat er vornehmlich auch durch die übereinstimmung der respondirenden strophen im klang, in den worten und der gliederung derselben dem ohre mitgetheilt. Dieser mittel hat sich Catull mit bewusstsein bedient, um wichtige teile eines grösseren ganzen hervortreten zu lassen, und es ist ihm meisterschaft darin nicht abzusprechen: er wetteifert in diesem punkte glücklich mit den Griechen. Wir haben in c. LXI eine hinreichende anzahl belege für unsre behauptung gefunden.

Die ersten beiden vierzeiligen strophen, die mit einander in genauster responsion stehen (*Olympus—Oeta, Hesper — noctifer, iuuenes consurgite,* v. 1 und 6) geben sich als prohoemium zum ganzen liede zu erkennen.

Im folgenden bilden die beiden 5 zeiligen strophen in denen Hesperus von den *Virgines* angegriffen — noch nicht geschmäht —

von den Pueri aber gepriesen wird (v. 20—31) den mittelpunct.
vgl. anfang u. schluss:
{ *Hespere qui caelo fertur crudelior ignis*
  Hespere qui caelo lucet iucundior ignis }
{ *Quid faciunt hostes rapta crudelius urbe*
  Quid datur a diuis felici optatius hora }
Vor ihm stehen an dies prohoemium sich eng anschliessend zwei vierzeilen, in denen die *Iuuenes* sich zum wettkampf rüsten, dahinter sechs verse, von denen die ersten durch ihren inhalt sich als lückenhaft verrathen: der inhalt aber correspondirt mit dem vorausgehenden strophenpaare: die *Iuuenes* setzen in v. 13 voraus, dass die *Virgines*
non frustra meditantur : habent memorabile quod sit,
jetzt hat sichs gezeigt v. 36:
at lubet innuptis ficto te carpere questu,
und die responsion macht sich selbst im einzelnen bemerklich, wie in der gleichmässigen anrede *aequales* v. 11 und 32, in den worten *innuptae — innuptis* v. 12 und 36 *secum ut meditata requirunt* v. 12 — *tacita quem mente requirunt* v. 37. Dazu kommt der durchaus verkannte gegensatz zwischen der in v. 33 erwähnten *custodia uigilans* und der *aduentus* des *Hesperus* mit den *nocte latentes fures* und der veränderung des gestirns in den *Eous*, den nur Rossbach erkannt zu haben scheint; er hebt jede versuchung, eine grössere lücke in diesem teile anzunehmen auf, indem er die fragmente zu den folgenden versen in antistrophisches verhältniss setzt, und zwingt uns die beiden verse unter die beiden parteien zu verteilen, die antistrophe (Iuuenes) also mit v. 34 beginnen zu lassen. Dafür spricht auch, dass *Hespere* bei der freieren responsion in diesem teile wol noch im zweiten, aber schwerlich erst im dritten verse seinen platz finden konnte. Eben der gegensatz veranlasst uns ferner v. 33 als schluss der strophe (Virgines) zu fassen; der kurz gefasste einwurf: *nocte latent fures* duldet kein weiteres einschiebsel hinter *uigilat custodia semper*. Dass mit *Hesperus* v. 32 die strophe begann, ist unbestritten. Zwischen strophe und antistrophe müsste nun der intercalaris ausgefallen sein, der sonst da steht, wo die chöre der

Virgines und Juuenes wechseln: wenn wir jedoch responsion mit dem vorausgehenden strophenpaare annehmen (v. 11—19) sind wir der annahme, dass zugleich vor und hinter v. 33 verse verloren gegangen, die immerhin etwas schwieriges hat, überhoben; der dichter selbst hat den intercalaris der gleichmässigkeit wegen nicht gesetzt. So liefert die hdsch. selbst ein zeugniss für die responsion dieses und des vorausgehenden strophenpaares; es wird auch in ähnlichem falle weiter unten die tradition der hdsch. sich als richtig erweisen.

Es kann in betreff der folgenden strophen nun wol kein zweifel mehr stand halten, zunächst darüber, dass die teile v. 39 bis 48 und 49—58 einander vollständig gleich und darum, sei es vor oder nach v. 41, ein vers zu ergänzen ist, ferner, dass beide teile in je zwei strophen zerfallen, die kein intercalaris trennt: dies ist der leidige grund, aus dem einige 8- und 10-zeilige strophen angesetzt haben, obgleich schon diese länge bedenken hätte erregen sollen.*) Es wäre kein wort darüber zu verlieren, hätte sich nicht Haupt dadurch verleiten lassen, im schlussteil eine lücke am ende des liedes vor dem schliessenden intercalar anzunehmen.

So sehr man nun auch die einschiebung eines intercalars hinter v. 58 wünschen möchte, mindestens fürs auge, und in der ergänzung stimmen die herausgeber ausser Lachmann und Rossbach überein, so ist doch, da die *Juuenes* weiter singen, die auslassung desselben in der hdsch. gerechtfertigt.

Wenn nun durchgehends im liede nur vier- und fünfzeilige strophen sich fanden, da sollte gegen alle erwartung der dichter mit einer unregelmässigkeit schliessen, die rede der *Juuenes* sollte 7 verse betragen? Das ist unmöglich: er muss mit zwei

---

*) Möglicherweise hat dazu eine zu enge auffassung des antistrophischen verhältnisses mitgewirkt, welche bei v. 39—58 leicht in verlegenheit geräth, wo wir zwei syzygien finden, die selbst wieder als strophe und antistrophe aufzufassen sind. $\dfrac{A}{a\ a^1}\ \dfrac{A^1}{a\ a^1}$ Es scheint dies bei G. Richter der fall (Rh. M. XIX. 1864 s. 363).

vierzeilen geschlossen haben, und wir müssen den ausfall eines verses der strophe annehmen, mag diese uns auch den eindruck der vollständigkeit immerhin machen. Freilich nach dem ersten verse (v. 59) ist, wie mit recht gesagt worden, der anaphora wegen *(ne pugna — non aequum est pugnare)* an eine lücke nicht entfernt zu denken und einen ausfall von zwei hemistichien hinter *pugnare* anzunehmen, wäre doch sehr bedenklich: aber nach v. 61, am schluss der strophe, wäre eine erweiterung und begründung der worte *quibus parere necesse est* wohl denkbar, entsprechend dem v. 65 *(noli pugnare duobus, qui genero sua iura simul cum dote dederunt)* etwa des inhalts, dass Zeus selbst den eltern die gewalt über die kinder gegeben, die Erinyen den trotz gegen diese gewalt zu rächen berufen seien, in der fassung aber sich anlehnend an den vorausgehenden vers (was wohl auch die ursache des ausfalls gewesen); beispielsweise:

iura quibus dedit ipse hominum rex atque deorum.

So entspricht denn der epilog auch in der verszahl, wie es erforderlich war, den übrigen strophen weniger erhabenen stils, wie er sich ihnen in seinen mehr den verstand als das gemüth berührenden kühlen auseinandersetzungen anreiht. Aus ihrer mitte erheben sich wie durch gedanken, bilder, sprachliche mittel, so auch durch die verszahl ausgezeichnet die beiden wechsellieder, das eine vor dem andern wieder hervorgehoben dadurch, dass die chöre in doppelstrophen gegen einander auftreten. Das schema ist also folgendes:

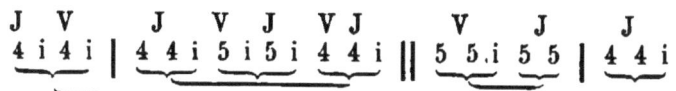

C. LXIIII

Eine kürzere besprechung fordert das lied der Parzen bei der hochzeitsfeier des Peleus und der Thetis, welches Catull ähnlich wie Theokrit im ersten idyll, Vergil in der achten ecloge in strophen von ungleicher länge, nicht wie Rossbach angenommen, in lauter vierzeilen, abgefasst hat; geschieden sind dieselben stets durch den intercalar (epiphonem):

Currite ducentes subtegmina, currite fusi.

Dieser vers steht nicht in syntactischer verbindung mit der jedesmal vorausgehenden strophe; er gibt nur die stimmung an, in der dieselbe gehalten ist, bezeichnet jeder strophe inhalt gewissermassen als werk der spindel, des symbols der Moiren. Dass davon der dichter einmal unter zwölf oder dreizehn fällen abgewichen sein und wirklich, in der ersten strophe, den intercalar an den letzten strophenvers angeschlossen haben sollte, vermag ich nicht zu glauben, trotsdem man noch in der neusten ausgabe v. 326 folgendermassen liest:

sed uos, quae fata sequuntur,
Currite ducentes subtegmina, currite, fusi.

Nach beseitigung des einen und andern falls bei Theocrit (vgl. meine auseinandersetzung in Fleckeisens Jahrb. 1864 s. 450, 456) muss ich an der richtigkeit dieses einen beispiels zweifeln; war doch hier gerade in der ersten strophe, da dem abschreiber die bedeutung des verses noch nicht klar geworden, ein irrthum leichter möglich als anderwärts. Meinen besserungsvorschlag will ich weiter hin vorlegen.

Das lied besteht aus zwölf strophen von 3, 4 oder 5 versen, zahlen, wie sie in ähnlichem wechsel bei Vergil Ecl. VIII. sich finden (vgl. Fleckeisens Jahrb. 1864 s. 457). Der handschrift zufolge fänden sich am schlusse sogar zwei zweizeilige abschnitte, doch dies versehen ist schon in codex Furianus getilgt; Schwabe hat freilich diesen irrthum conserviren zu müssen gemeint. Das ganze, dessen prophetischen inhalt natürlich des Achilles heldenruhm ausmacht, gliedert sich in 4 teile, von denen je zwei (I zu IIII, II zu III) durch ihren inhalt in responsion stehen:

A str. 1—3 begrüssung des Peleus, preis seines glückes und der einträchtigen liebe des neuen paars.

B str. 4—6 preis des Achilles, seiner tapferkeit im allgemeinen, seiner heldentaten im kriege vor

Ilion, für welche die klage der ihrer kinder beraubten Mütter spricht.

B¹ str. 7—9 weitere zeugnisse für sein heldentum, das über die grenze, die dem menschen gezogen, hinausgeht; das blachfeld vor Troja, die woge des Skamander, die von seinem schatten geforderte opferung der Polyxena.

A¹ str. 10—12 durch dies opfer wird sein schatten besänftigt. Das lied wendet sich zurück zu den liebenden und ihrer bevorstehenden vereinigung; es schildert die betrübniss der mutter der braut gemildert durch die hoffnung auf enkel.

Zwei dinge sind es, die hier anstoss erregen; erstlich: der tod der Polyxena wird in zwei strophen behandelt, die verschiedenen teilen zugehören. Die zweite derselben, es ist str. 10, kann mit der in ihr enthaltenen ausführung des in str. 9 kurz hingestellten factums nur den zweck haben, durch einen beruhigenden abschluss zurückzuleiten zu den eltern des verkündeten helden: diese beruhigung wird nicht durch *madefient* erreicht, eher durch *mitescent* oder *mansuescent*, am ehsten wohl durch *mollescent*, was auch den vestigien der hds. am nächsten kommt. Zweitens aber ergibt sich in der sonderung des zweiten und des mit diesem correspondirenden dritten teils eine schwierigkeit. *Testis erit .. unda Scamandri* beginnt die achte, *Denique testis erit morti quoque reddita praeda* die siebente strophe. Dies *denique* erfordert unumgänglich das vorausgehen zweier testimonia; also ist eins ausgefallen (L. Müller vermisst den tod des Hector und andres) oder man muss zurückgreifen zu dem im zweiten teile befindlichen zeugnisse der mütter in str. 6:

Illius egregias uirtutes claraque facta
Saepe fatebuntur matres,

welches, um die ungleichheit der behandlung noch zu vergrössern, durch eine ganze strophe, die zur begründung dienen soll, von dem nächsten testimonium getrennt ist. Dies zeugniss der mütter bedarf indessen einer weiteren begründung gar nicht; weshalb sie klagen, ist weitläuftig genug ausgeführt. Gehen wir aber zur fünften strophe zurück, so finden wir für die behauptung: *Non illi quisquam bello se conferet heros* nur den troischen Krieg selbst, freilich in ganzen drei versen, erwähnt; der beteiligung des Achilles daran wird nicht näher gedacht. Viel geeigneter würde str. 7 sich also an str. 5 anschliessen, und damit wäre auch der inhalt nach diesen beiden teilen gut gegliedert: des Achilles tapferkeit und die betätigung derselben in dem Troerkriege im zweiten, die drei zeugnisse dafür im dritten teile. Dass diese transposition nicht nur wünschenswert, sondern notwendig ist, ergiebt sich schliesslich durch einen blick auf die zahlenverhältnisse. Die verszahlen der einzelnen strophen mit ausschliessung des intercalars sind **nach** der umstellung folgende:

$$4 \quad \overbrace{5\ 3}^{A} \quad \overbrace{4\ 4\ 3}^{B} \quad \overbrace{4\ 4\ 3}^{B^1} \quad \overbrace{5\ 3}^{A^1} \quad 4$$
πρόλογος $\quad$ A $\quad$ B $\quad$ B¹ $\quad$ A¹ $\quad$ ἐπίλογος

sollte wirklich jemand es noch für möglich halten, dass B mit drei vierzeilen einem B¹ mit 3.4.3 entsprechen könnte? Es gäbe nur ein mittel die stellung der strophen festzuhalten; man müsste die unvollständigkeit der dreizeiligen strophen 7 und 9 beweisen. Dem scheine zufolge scheiden sich nun auch vom eigentlichen liede die eingangs- und schlussstrophe, προοίμιον und ἐπίλογος ab; ihnen zunächst stehen zwei lyrische teile — ἀρχά und σφραγίς — in der mitte zwiegeteilt der epische ὀμφαλός, mesodische gliederung also des kitharodischen nomos wie Westphal s. 78 sie für c. LXVIII b und s. 256 f. für das ganze gedicht LXIII nachgewiesen hat. Die regelmässigkeit unseres liedes wird dadurch gesteigert, dass der erzähler mit je zwei versen gleichen inhalts und anlauts das lied umschliesst:

321 *Talia diuino fuderunt carmine fata*
    Carmine perfidiae quod post nulla arguet aetas.
382 *Talia praefantes quondam felicia Pelei*
    Carmina diuino cecinerunt pectore Parcae.

Dass ausser diesen ehemals noch mehr Refrainlieder in Catulls sammlung gestanden, ist ein falscher schluss aus der

Angabe des Plinius n. h. XXVIII 19: der, wo er von der incantatio spricht, sagt: *Hinc Theocriti apud Graecos, Catulli apud nos proxumeque Vergili incantamentorum amatoria imitatio.* Diesen schluss haben freilich noch Rossbach, Schwabe, L. Müller gezogen, wie aus der ihrerseits unbeanstandeten aufnahme dieser stelle unter die fragmente des Catullus sich ergibt. Von Theocrit musste Plinius hierher zunächst rechnen den refrain von id. II:

ἴυγξ ἕλκε τὺ τῆνον ἐμὸν ποτὶ δῶμα τὸν ἄνδρα

von Vergil ecl. VIII:

Ducite ab urbe domum mea carmina ducite Daphnim

von Catull den refrain des ebenbehandelten c. LXIIII

Currite ducentes subtegmina currite fusi.

Die magische gewalt, die in der spindel liegt, haben die alten so gut gekannt wie die germanischen völker.

So schwindet wieder ein fragment und für die behauptung, die alten hätten in dem liber Catulli mehr gedichte gehabt, als wir heutzutage darin lesen, eins der stärksten momente, denn wie will man sich deshalb auf Ovids worte berufen: *nec contentus eo* (die Lesbia besungen zu haben) *multos vulgauit amores, in quibus ipse suum fassus adulteriumst,* die in Ipsithilla c. 32 und anderen zur genüge ihre bestätigung finden. Ueber das fragment bei Porphyrio werde ich später zu sprechen haben. So bleiben nur übrig zwei stücke an Priapus: aber eben diese haben niemals in der durch den Veronensis auf uns gekommenen sammlung aufnahme gefunden, sondern es mag eine besondere, schwerlich durch den buchhandel, sondern privatim verbreitete sammlung derselben bestanden haben, aus der der compilator der uns erhaltenen Priapea mit auswahl genommen hat, was ihm geeignet schien. Eben in seinen Priapeen hat Catull vielleicht auch über die rhaetica uua gesprochen, wenn die stelle überhaupt auf ihn zu beziehen sein sollte.

II Zur kenntniss des Catull im mittelalter.

Einigen vorschlägen zur besserung des textes schicke ich zunächst eine die geschichte der überlieferung betreffende notiz voran.

Schon vor dem j. 1329, aus dem bisher die erste spur der kenntniss von Catulls gedichten seit Ratherius datirte*) hat einige verse des dichters, die aus einer vollständigen hds. geflossen sein müssen, *Jeremias iudex de Montagnone ciuis Paduanus* in sein grosses excerptenwerk: *compendium moralium notabilium* eingetragen. Als todesjahr des compilators geben Reinesius ad Daumium ep. 81 p. 207 s. und Fabricius bibl. lat. med. et inf. lat. t. III p. 245 Mansi nach Scardeonius das jahr 1300 an; Dante und Petrarca werden von ihm noch nicht citirt. Das werk scheint eine ungeheure verbreitung im mittelalter gefunden zu haben, und falls ich nicht irre auch erweiternde umarbeitungen. Wenigstens stimmt der *liber uirtutum et allegationum auctorum..compositus et cumulatus per nobilem dominum Johannem de Grapanis ciuem Mediolani*, über den nach einem ziemlich alten exemplar der Ambrosiana Muratori in den Antiquitates italicae III 914—916 angaben gemacht hat, in auswahl der benutzten auctoren mit dem werk des Jeremias ziemlich überein. Von letzterem führt Fr. Osann einen darmstädter codex d. j. 1410 an (Vitalis Blesensis Amphitryon et Aulularia p. VII); die Catullfragmente sind ihm entgangen, weil das vorangeschickte auctorenverzeichniss in seiner unvollständigkeit diesen wie manchen andern namen auslässt. Mir standen drei papierhandschriften der Breslauer königl. Bibliothek zu gebote a) I F 129 in text und ausstattung vorzüglich, b) I F 246 und c) IV F 50, beide weniger gut geschrieben und, was gewöhnlich damit verbunden ist, von fehlern strotzend

Dort finden sich folgende sechs citate:

Partis I lib. 3
    Catulus c. 7:   [XXII 18—20]
omnes fallimur nec est quisquam qui non in aliqua re uidere suffonum possis suus cuique attributus est error.

---

*) Aus welcher quelle mag der corrector der darmstädter Priscian-handschrift (s. XII?) die richtige lesart von c. XXXVII 18 geschöpft haben?

Partis II lib. 1 rubr. 5 de iniuria et contumelia et offensione.
>*Catulus c. 9:* [LXVIII^b 137]
>
>*Ne nimium simus stultorum more molesti*

(b und c geben c. nono, ebenso scimus, b nimirum. c moleste mit zwei puncten über dem e).

Partis IV lib. 4
>*Catulus c. 7:* [XXXIX 16]
>*Risu inepto res ineptior nulla est.*

P. IV lib. 5 rubr. 11 de exclusiuis ueneri et eius libidinis
>*Catulus c. 8:* [LXIIII 143—148]
>*Nulla uiro iuranti femina credat*
>*Nulla uiri speret sermones esse fideles*
>*Qui dum aliquid cupiens animus pregessit aspici*
>*Nil metuunt iurare nil promittere parcunt.*
>*Sed simul ac cupide mentis suciata libido est*
>*Dicta nichil metuere nichil periuria curant.*

(143 credat a, credet b, credt c 145 qui a b, quis c | aliquid a b, aliquis c | capiens c | pregessit a b, p̄grossit c | aspici a b c 146 metuū c | iurare nil a b c 148 periuria a, perniciosa b c | Gleich dahinter folgt ein andres citat:)

>*c. 12 et pult'* [LXXVII 13]
>*Difficile est longum subito deponere amorem*

(c. ii et plr' gibt c; a und b stimmen mit einander in der 12 überein).

P. IV lib. 6 rubr. 3 de laude matrimonii et eius acceptabilitate:
>*Catulus poeta c. 9:* [LXVI 15 s.]
>*Estne nouis nuptis odio uenus atque parentum*
>*Frustrantur falsis gaudia lacrimulis*

(Estque b c nupcijs b c)

Für die kritik sind nun diese citate ziemlich werthlos; in XLIIII 145 findet sich das aus ed. a. 1472 in die spätern ausgaben aufgenommene *qui* statt des *quis* schon vor, in v. 144 führt die lesart *aspici* auf die lesart des Veronensis zurück, die nicht *adipisci*, wie Schwabe vermutet, war, sondern *aspisci*, sonst ist der text frei von conjecturen der Italiener, wie LXVI 15 *atque* beweist. Aus der art wie der compilator die gedichte citirt, möge man nicht zu viel schliessen. Wie er sich den Tobias des Matthaeus Vindocinensis in capitel geteilt hat zum zweck bequemerer anführung, so hat er es auch hier gethan. Es nimmt allerdings wunder, dass das gedicht c. LXVIII[b] dem 9., c. LXXVII schon dem 12. capitel zugeschrieben wird, und die wenigen kurzen gedichte die dazwischen liegen, zwei ganze capitel füllen sollen. Das zeigt aber eben, dass nicht Jeremias selbst die einteilung vorgenommen, sondern, dass er höchstens rubriken die er vorfand, numerirt hat. Sein codex müsste dann allerdings sehr stark in dieser beziehung von den uns bekannten abgewichen sein; freilich gibt Schwabe von LXVIIII bis LXXVI nur soviel rubriken als wir brauchen, bei LXVIIII selbst „*in Rufum*", bei LXXII „*ad Lesbiam*", womit wir c. 10 und 11 des Jeremias beginnen lassen könnten, indessen sind in den vorausgehenden gedichten doch eine bedeutend grössere zahl von überschriften für den Veronensis angenommen. Die abweichungen *qui* in v. 145 nebst *pregessit* in demselben verse und *nil* für *nihil* im folgenden sind zu geringfügig, um eine andere quelle des Jeremias als den Veronensis selbst anzunehmen. Eher möchte man vermuten die zahl der echten überschriften sei in der that im Veronensis eine weit beschränktere gewesen, und erst das zeitalter der copien, das im XIV. jahrhundert begann, habe dieselbe vergrössert; die abweichungen der hdss. in diesem puncte sprechen dafür, und besonders der Datanus, der in dem teile, welchen Jeremias als zwölften und letzten bezeichnet, keine der sechs überschriften anerkennt, die sich in anderen hdss. finden, während er sonst mit diesen angaben nicht karg ist.

Das nächste zeugniss des mittelalters dürfte nicht erst das

florileg v. j. 1329 sein. Wilhelm von Pastrengo berichtet (vgl. Fabricius bibl. med. et inf. lat. l. VII p. 160 Mansi) dass *Albertinus Mussatus von Padua* (um 1260 geboren, † 1329 oder 1330) Priapeen geschrieben; wenn wir weiter finden, dass Mussatus den Benevenuto de Campesanis de Vicentia gekannt hat (ep. XVII), so dürfen wir die erwähnung Catulls in Mussatus ep. I v. 9 f.

> *Carmine sub nostro cupidi lasciua Catulli*
> *Lesbia dulce tibi nulla susurrat auis.*

auf eine wirkliche kenntnis der gedichte Catulls beziehen.

Erinnert wird man mindestens an Catulls trauer um seinen bruder, wenn man in den Gesta Romanorum ed. Oesterley s. 402 die worte liest: *Periit spes mea, fortitudo mea, frater meus unicus, dimidium animae meae.*

Trotz des so gänzlich verschiedenen inhalts aber muss man eine reminiscenz aus Catull LXVII 3 (Janua quam Balbo dicunt —) annehmen für den anfang des lobgedichts auf Genua von *Nicolaus de Clamengis* († um 1440):

> *Janua quam perhibent Jano condente locatam —*

(Pertz archiv XII 319 H. Hagens verz. der Berner hdss. s. 88; Fabricius l. c. I 390); in seiner zeit gabs freilich schon genug abschriften.

III Zu Catull I—LXIII

I 8 ff. E. v. Leutsch hat darauf aufmerksam gemacht, dass Catull bei seiner widmung den Cornelius zunächst als buchhändler im auge habe (Philol. XXVI 91). Unter seiner rühmlichst bekannten firma geht das büchlein in die welt hinaus: der name des verlegers allein schon sichert ihm für lange zeit günstige aufnahme. Ich lese darum:

> *Quare habe tibi quicquid hoc libelli.*
> *Qualecumque, tuo patrone signo*
> *Plus uno maneat perenne saeclo.*

quicquid spricht ganz allgemein (dies büchlein), *qualecumque* bezieht sich auf den innern werth oder unwerth: „wie wenig oder viel es werth sei — deine firma wird ihm durchhelfen!" Beide zu verbinden ist durchaus unthunlich. *Qualecumque* darf ohne *est* stehen; *quod* scheint aus *tuod* entstanden. Die verlagsartikel des Cornelius werden seines signets (σφραγίς) auch in wirklichkeit nicht entbehrt haben.

IV, 20. *laeua sine dextera Vocaret aura* —
uocare tura im Germanensis könnte auch auf *uocaret ora* deuten, die küste ladet ein zum anlanden. Die folgenden worte *siue utrumque Juppiter simul secundus incidisset in pedem* sind dem nicht hinderlich.

VI, 8. *cubile Sertis ac surio fragrans oliuo.*
ros syrius, *syrium munus*, *liquor assyrius* nennen die dichter narde und amomus, *syrium oliuum* hat keiner so weit mir bekannt gesagt: den begriff des duftenden fasst auch *oliuum* nicht in sich, Propertius setzt noch besonders *odoratum* hinzu. Aber *assyrius odor* sagt Seneca (Phaedra 401) und Catull selbst in verbindung mit *fragrare* 68, 144:
fragrantem assyrio uenit odore domum.
vgl. *fragrat acerbus odor* bei Valerius Flaccus IV. 493. *odore* wird also auch hier herzustellen sein.

VIII, 2. *et quod uides perisse perditum ducas* —
vgl. Plautus Trinummus 1026: *quin tu quod periit perisse ducis?*

X 9. *Respondi id quod erat nihil neque //// ipsis*
Nec praetoribus esse nec cohorti
Cur quisquam caput unctius referret.
Auf die rasur vor *ipsis* ist *in* geschrieben, darüber al' *neque ipsis*. Die ausradirten buchstaben selbst möglicherweise *eisi* oder *eiss.* — Ich glaube *neque* ist für *nec* verschrieben: lies *nihil negoti* oder *necoti*.

X, 17.   *ego ut puellas*
unum me facerem beatiorem —
Catull will keineswegs sich allein glücklicher hinstellen, als andere waren, sondern er will den ungünstigen eindruck tilgen, den sein früheres gerede gemacht hat. Daher ist *iamiam* zu schreiben anstatt *unum*.

XII, 9   *est enim leporum*
     Disertus puer ac facetiarum.

vielleicht *diserte* oder *disertim*, in der bedeutung von *plane*. vgl. Sallust Cat. 25, 5 *prorsus multae facetiae multusque lepos inerat.*

XV, 2. 13. *ueniam peto pudentem.*
    Hoc unum excipio ut puto pudenter.

Die verse leisten einander gegenseitig hülfe: für v. 2 ist *pudenter* aus v. 13, für v. 13 aus v. 2 *peto* zu entnehmen für *ut* natürlich *ac*.

XV, 19. *Quem attractis pedibus patente porta*
    Percurrent raphanique mugilesque.

Dass *percurrent* nicht das geeignete wort sei, haben viele gefühlt; denn es ist hier ein stärkerer ausdruck nötig, für den dies verbum wenigstens nach dem üblichen gebrauch nicht ausreicht. Sollte es zu Catulls zeit noch die ursprünglich wohl vorhandene kräftigere bedeutung des *per* bewahrt haben?

Vielleicht möchte aber ausserdem noch der conjunctiv an dieser stelle erwünschter sein als das futurum. Beides erreichen wir durch die änderung eines buchstaben: *percursent*. Ob Juuenal X. 317. *quosdam moechos et mugilis intrat* an die Catullstelle gedacht hat?

Oder hat es ein wort *peruorrere* „durchfegen" gegeben, wie *conuorrere* und *reuorrere* bei Plautus?

XXII, 13.   *qui modo scurra*
    Aut si quid hac re tristius uidebatur.

Gewiss gibt den gewünschten sinn eher *scitius* als das den schriftelementen so nahe liegende *tritius*. *scurra* ist hier noch nicht in dem üblen sinne gebraucht; in dem adjectiv muss der gesteigerte begriff von *urbanus* liegen. Alle forderungen werden erfüllt durch das Wort *tersius*. Wenn nicht gar noch näher an die elemente der überlieferung heranzugehen und der comparativ der älteren von Cato und Varro (Nonius p. 179) gebrauchten Form *tertus* herzustellen ist. Dem schreiber lag die allein noch gültige schlimme bedeutung des *scurra* im sinn, das wort *tertius* verstand er nicht mehr, die annahme einer verwechselung der compendien für die silben *er* und *ri* lag nahe: so ist die hdsch. lesart *tristius* entstanden.

XXIX, 23. Die verse 1, *Quis hoc potes tuidere, quis potest pati?*
5 u. 9, *Cinaede Romule, haec uidebis et feres?*
21, *Quid hunc malum fouetis,*

nötigen in den verdorbenen worten der hds.

Eone nomine urbis opulentissime

etwas anderes zu suchen, als bisher herausgelesen wurde. Palaeographisch war *o püssimei* unantastbar, man konnte annehmen, es sei dafür *o pientissimei* gesetzt worden. Aber von *pietas* ist hier so wenig die rede als von der macht jener (*o potissimei*) u. s. w., sondern einzig von der geduld, mit der sie dem treiben des Mamurra zuschauen und ihm doch nicht in den weg treten. Das führt auf's echte:

Eone nomine urbis o lentissimei
Socer generque perdidistis omnia.

im vorausgehenden ist v. 20 zu schreiben:

Nunc Galliae minatur et Britanniae.

Das ganze besteht aus fünf gleichmässigen abschnitten, die keiner versumstellung bedürfen, wie bestechend auch die versuche von Ribbeck und Mommsen sein mögen.

Diese abschnitte sind ausser dem letzten fünfzeilig, und Westphal nimmt an, dass (nach v. 22) ein vers ausgefallen sei. Ich stimme ihm darin völlig bei, und ergänze dort als schlussvers des ganzen den refrain des 1. und 2. teils:

Cinaede Romule, haec uidebis et feres?

XXX, 5. *Quae tu neglegis ac me miserum deseris in malis —*
besser: *Quem t. n. a! me miserum et deseris in malis.*

Das *neglegere* bezieht sich auf dieselbe person wie das *deserere*, nicht auf das misfallen der götter. Im vorausgehenden verse ist die lesart *Nec* untauglich: ich glaube *Ne* „wahrlich es scheint, dass den göttern solches thun gefällt."

7. *Certe tute iubebas animam tradere iniquae,*
   Inducens in amorem —

Man hat den unvollständigen vers durch *me* ergänzt; aber dass das object zu *inducens*, welches nicht geradezu notwendig, einsilbig den vorausgehenden vers schliesst, während sonst die erste strophenzeile mit interpunction endigt oder einem längeren satzgliede, scheint nicht angemessen. Es dürfte *iniquiter* herzustellen sein. Vgl. *inimiciter saeuiter*, bei Catull selbst 76, 19 *puriter*.

XXXI, 13. *Gaudete uos quoque lydiae lacus undae.*
eine gelehrte anspielung (*lydiae*) in das epitheton der *undae* zu verlegen, wäre geschmacklos von Catull gewesen, und mit der wahren freude, sie wiederzusehen, unvereinbar, während sich beziehungen auf ihre schönheit (*lucidae, limpidae*) wohl hören liessen. Aber das beiwort kann auch allgemeiner die herrlichkeit des sees, entsprechend dem *ocelle*, womit Sirmio v. 2 gepriesen wird, angedeutet haben. Dazu scheint es, dass wir *quoque* erhalten müssen. Das führt auf:

Gaudete uos quoque inclutae lacus undae.

XXXVI, 6. *Vouit si sibi restitutus essem.*
    Electissima pessimi poetae
    Scripta tardipedi deo daturam.

besser *se lectissima*; und so hat Mähly schon *se electissima* geschrieben.

XXXVIII, 8. *Maestius lacrimis simonideis —*
    l. *mitius.*

XXXIX, 9. *Quare monendum est mihi, bone Egnati —*
Nicht *te* ist zu ergänzen, sondern *sic*, was wegen des vorausgehenden *st* ausgefallen war: *monendumst sic*. An *iam* könnte man denken wegen Ausonius (ephemeris am ende): *monendus est iam Sosias.*

XXXXII

Dass dies lied in vier strophen zerfällt, zeigt gedankengang wie refrain. Sicherlich sind aber einige störungen eingetreten, die Westphal s. 227 f. nicht alle beseitigt hat. Zunächst schliessen v. 14 und 15 nicht zusammen: man könnte drum versucht sein, 13 und 14 *(non assis facis* — *quid esse)* hinter 21 zu stellen: „Aber wir richten nichts aus, sie rührt sich nicht; machst du dir denn gar nichts daraus, du scheusal?" Dann würde der 3. und 4. teil des gedichts gleichermassen mit *Sed* beginnen, dort *Sed non*, hier *Sed nil*. Aber, da klafft immer noch der gedankengang zwischen v. 15 und 16. Diesen hiatus hebt nun Westphal durch umstellung von 16 und 17 *(Quo si non* liest er) nach 23; und man mag ihm darin wol beistimmen; dass er aber unverändert die verso 13—15 beibehalten will, ist mir nur dann verständlich, wenn er in v. 15 hineinlegt, was eben drin stehen sollte, aber erst durch correctur hineinkommt. Denn im 2. teile steht folgendes: „Du machst dir gar nichts daraus? ..... aber freilich ist es noch nicht kräftig genug gewesen; ruft zum zweiten male mit kräftigerer stimme usw." Da hätten wir also in v. 15 eine art gemüthlicher einräumung, es sei noch nicht genug gewesen — von der ist doch sicher der dichter wie der erklärer weit entfernt. Ein strich bringt alles in ordnung. „Du machst dir nichts daraus? nun *wenn* wir glauben müssen, dass dir das noch nicht genug ist, so ruft noch einmal kräftiger —" Also statt *Sed* (S;) ist *Si* zu lesen.

XXXXI, 1. *Ameana puella* —
etwa *Arretina?* vgl. die lesarten zu Anthol. lat. ed. Ries. c. 259, 1, wo z. b. *Auietine* der Vossianus bietet.

7. *Non est sana puella, nec rogate*
Qualis sit; solet et imaginosa.

„aber fragt nur nicht erst, was ihr fehlt: sie leidet an einbildungen", das ist offenbar der sinn, und Schwabes correctur *solet esse imaginosa* trägt ihm rechnung. Besser jedoch scheint mir: „aber fragt nicht erst, wie fern sie leidend ist: es ist so ihre art, sie ist voll einbildungen." *nec rogate qualis? sic solet: est imaginosa.* vgl. Plautus Men. 143 *ita ego soleo*, Terent.

Eun. 279 *sic soleo.* Amph. II. 1, 57 (604) A. *satin tu sanus es?* S. *Sic sum ut uides.*

XXXXIV.

> *Nec deprecor iam, si nefaria scripta*
> *Sesti recepso, quin grauedinem et tussim*
> 20 *Non mi sed ipsi Sestio ferat frigus,*
> *Qui tunc uocat me cum malum librum legit.*

Sinn kommt nicht in die stelle, wenn man nur *legit* in *legi* verwandelt: Sestius soll den Catull einladen, wenn dieser grade ein schlechtes buch gelesen? Nein, kalter schauer, entsetzen, fasst den Catull an, wenn er ein schlechtes buch gelesen, und dann ist's recht, wenn die wirkungen dieses entsetzens auf das haupt des verfassers jenes buches fallen, hier also dem Sestius katarrhalische beschwerden zuziehen. Also: **quod tunc uorat me, cum m. l. legi.** Häufig wird *uorare* von der hitze, auch der liebesglut gebraucht: wie Vergil 9 I. 93 *frigus adurit* sagt, wird auch *uorare* hier von *frigus* gesagt werden dürfen.

XXXXIII 1. *Nec minimo puella naso* —
so haben Schwabe und L. Müller beibehalten trotz 41, 3 *turpiculo*; die *turpitudo* aber liegt nicht in der grösse, sondern grade in der mit misbildung verbundenen kleinheit. Es ist also das übrigens längst gefundene *nimio* herzustellen.

XXXXVI, 11. *Diuersae uarias uiae*
dies zu verteidigen fällt doch schwer. vielleicht *diuersim?*

XXXXVIII, 5. *Non si densior aridis aristis*
Sit nostrae seges osculationis.

Nur Markland hat an *aridis* anstoss genommen: und immerhin verdiente seine besserung *africis* den vorzug vor der handschriftlichen lesart. Diese ist aus *orridis,* d. h. *horridis* entstanden.

LIII, 1. *Risi nescio quem modo et corona* —
nicht *e* sondern. *ex corona* war zu bessern.

5. mit der Brüssler Senecahds. ist *salaputtium* zu schreiben vgl. *salapitta* bei Arnobius VII c. 33 § 239.

L, 2. *Hesterno Licini die otiosi*
Multum lusimus in meis tabellis
Vt conuenerat esse delicatos.
Scribens uersiculos uterque nostrum
Ludebat numero modo hoc modo illoc —

Das *delicatos esse* bezieht sich auf die mannigfaltigkeit der *numeri* in v. 5, nicht auf ihr *otium;* da dürfte besser hinter *tabellis* zu interpungiren sein. Ob Catulls oder Licinius *pugillaria* dazu benutzt werden, ist wahrlich sehr gleichgültig, zudem pflegt man nicht mehrere schreibtafeln bei sich zu tragen, und gewiss ermangelte Licinius einer solchen auch nicht. *meis* ist also grundfalsch. Die aufgabe der worte *in tabellis* kann nur sein, den begriff des *ludere* zu verstärken: nur auf die schreibtafel warfen sie ihre polymetrischen spielereien hin; die anwendung der *chartae* würde die sache ernsthafter gemacht und den zweck, den sie verfolgten, vereitelt haben. Daraus ergibt sich, dass *in meris tabellis* zu lesen ist.

LIV, 2 *Et eri rustica semilauta crura.*
das nomen proprium, das in *Et eri* liegt, herzustellen, ist von verschiedenen versucht worden, keinem so gelungen, dass man nicht neue versuche wagen sollte. Näher als *Heri, Neri, Vetti* liegt *Thori*.

LV, 11 lies: *Quaedam inquit nudum sinum resoluens;* sonst würde für *reducens* die stelle Quintilians sprechen: *sinum dextra usque ad lumbos reduxerunt* (XI 3, 31).

4 Bei dem regelmässigen wechsel zwischen versen mit dactylus oder spondeus im zweiten fusse, denn 23—32 sind als eigenes gedicht zu betrachten, muss bei der unmöglichkeit einer umstellung eine corruptel vorliegen. Etwa: *te circum temere omnibus libellis?* oder *te in circo, undique in o. l.* oder *te circum undique in o. l.* wie wohl auch 68, 101 zu lesen ist.

8 Stärkere nötigung zu bessern findet hier statt, indem auch der sinn gewaltige störung erlitten hat. Der inhalt dieses verses ist notwendig mit dem folgenden zu verbinden: *quas — te — flagitabam;* das wort *tamen* weist auf einen gegensatz

zwischen *serenus* und einem vorausgehenden adjectiv, welches natürlich in dem buchstaben *uidi* stecken muss, hin; denn dass die *femellae*, trotz des *prendere*, *serenae* gewesen, kann Catull unmöglich mit diesem *tamen* sagen wollen. Bei seinem *flagitare* aber können sie immerhin trotz ihrer heiterkeit ihn bedenklich anschauen. Dies ergäbe: *dubias* (oder *dubio*) *tamen serenas*.

Den zustand des erzählers selbst deutete ein auf *ipse* bezügliches, in die buchstaben *Auel* verdorbenes adjectiv an. Keinesfalls ist hier *Auens*, wie Schwabe schreibt, tauglich: eher liesse sich an *Aeger* oder *Raucus* denken. Wir schreiben also:

Quas uultu dubio tamen serenas
Aeger te sic ipse flagitabam.

Vergleichen mag man zu diesem gedicht die stelle des Plautus in Epidicus II. 2, 12 ff.:

Di inmortales, utinam conueniam domi
Periphanem! per omnem urbem quem sum defessus quaerere:
Per medicina, per tonstrinas, in guminasio atque in foro,
Per myropolia et lanienas circumque argentarias.
Rogitando sum raucus factus, paene in cursu concidi.

ferner Amphitruo 1010 ff.:

Neque domi neque in urbe inuenio quemquam qui illum uiderit:
Nam omnis plateas perreptaui, gymnasia et myropolia,
Aput emporium atque in macello, in palaestra atque in foro,
In medicinis, in tonstrinis, aput omnis aedes sacras.
Sum defessus quaeritando, nusquam inuenio Naucraten.

25 *primipesue Perseus* gibt der Germanensis; übergeschrieben ist die andere lesart *pinnipesue*. Die möglichkeit, dass dies in jenes verderbt worden ist (indem man r für i las, im für nn) gebe ich zu, wahrscheinlicher ist es aber, dass *primipes* aus dem dem Catull eigenthümlichen *plumipes* in v. 27 entstanden ist.

LVII, 7 *Vno in lectulo erudituli ambo* —
lectululo hat Avantius schon vorgeschlagen, aber angemessener war doch *lecticulo* zu bilden.

LXI, 25 *Nutriunt humore.*

Den spondeus noch länger verteidigen zu wollen, sobald sich eine glimpfliche änderung bietet, kann auch dem geschmacklosesten kritiker nicht einfallen. Vergil hat G. II 425 der deponens *nutriri* gebraucht; Priscian scheint freilich nur dies eine beispiel zu kennen, er führt es zweimal VIII 26 und XVIII 291 (I 364 II 392 Hertz.) an. Das hindert nicht, es auch für Catull in anspruch zu nehmen. Jetzt hat auch Mähly dieselbe auskunft gefunden, dessen *honore* ich gleichfalls beipflichte, während ich früher mit Guarinus *odore* las.

53 *tibi uirgines Zonula soluunt sinus —*
lies *zonulas soluunt sinus;* nach II 11 *zonam soluit diu ligatam.*

54 *Te timens cupida nouos Captat aure maritus —*
timens scheint aus *tuuens* d. h. *tuens* entstanden. vgl. LXVI 8!) *tu uero, regina, tuens cum sidera diuam placabis festis luminibus Venerem —*

LXI, 103 *Non tuus leuis in mala*
Deditus uir adultera
Procatur pia persequens
A tuis teneris uolet
Secubare papillis.

probra turpia, wie man für jene lesart der hds. geschrieben, ist eine verlegene aushilfe: es fühlt dabei doch wohl jeder im stillen, dass *turpia persequi* hier ganz geeignet, *probra turpia* ein viel zu pedantischer ausdruck ist. Ganz der vorliebe des Catull und Lucretius für die fälle des ausdrucks bei *funditus penitus* u. a. (*funditus omnis* sagt Lucretius in den ersten beiden büchern ein duzendmal, vgl. *funditus usque* bei demselben I 755. *penitus penetrata* ebend. 529. *funditus atque imis exarsit tota medullis* Catull 64, 91. *penitus exedit cura medullas* 66, 23. *penitus quae tota mente laborant* 62, 14. *penitus toto diuisos orbe Britannos* Vergil Ecl. I 66 u. s. w.) entsprechend wäre *procul secubare:*

Procul turpia persequens
A tuis teneris uolet
Secubare papillis.

LXIII, 13 *Simul ite Dindymenae dominae uaga pectora* —
In der verzweiflung hat man zu *pecora* seine zuflucht genommen.
Ich denke, das richtige dürfte *decora* sein. Als *decus* oder *honores*
der götter können die, die sich ihnen geweiht, wohl bezeichnet
werden. *pectora* ist aus *peccora* entstanden, vgl. die gewöhnlichen
schreibungen *speccus occeanus* u. a. p und d finden sich auch
bei Catull verwechselt, z. b. 97, 5 *sesequededalis* für *sesquipedalis*.
 21 *Ubi cymbalum sonat uox, ubi tympana reboant,*
  Tibicen ubi canit phryx curuo graue calamo.
Die töne der *tibiae* und *tympana* werden charakterisirt; sollte da
der der *cymbala* entsprechend durch das gar zu allgemeine verbum
sonare bezeichnet sein? vgl. 29 *leue tympanum remugit, caua
cymbala recrepant*. Ich glaube das, was fehlt, lag ehemals in
dem worte *uox* und schlage vor:
  ubi cymbalum sonat trux.
 53 *Ut apud niuem et ferarum gelida stabula forem*
 54 *Et earum omnia adirem furibunda latibula.*
Nicht das versmass, sondern die inhaltslosigkeit des wortes
omnia berechtigen hier zu einer änderung. *opaca* und *operta*
sind auch von anderen gefunden worden, die wahl ist hier eben
nicht gross, wenn man zugleich anaclasis einführen will — sonst
lag ja *inuia* viel näher; dem sinne nach noch besser wäre
horrida, denn einen dem *furibunda* entsprechenden sinn müssen
wir in dem gesuchten worte verlangen, wie auch in 53 *aput
niuem et gelida stabula* die ausdrücke verwandt gewählt sind.
Ich meine das richtige wort in *insomnis* oder *insomnus* gefunden
zu haben, dem beiwort des drachen bei Ovid (Met. IV 552 IX
190), welches freilich nur einzusetzen wäre, wenn man den vers
freier nach griechischem gesetz behandelte:
  Et earum insomna adirem
 oder *eārum insomna et adirem.*
 63 *Ego mulier, ego adulescens, ego ephebus, ego puer,*
  Ego guminasi fui flos, ego eram decus olei.
Von *mulier* kann Attis gar nicht gesprochen haben: was er
gewesen ist, zählt er auf. Vor *adulescens* und *ephebus* war er

puer; dies letztere ist also statt *mulier* einzusetzen; was am ende statt *puer* stehen muss, ist viel zweifelhafter. Vielleicht:
Ego puerus, ego adulescens, ego ephebus, ego pugil.

LXIII, 70 Von kalten schneebedeckten stätten des grünen Ida kann unmöglich in einem und demselben verse der dichter gesprochen haben; die farben wollen sich nicht zu einem bilde einigen; *uiridis* etwa auf Attis zu beziehen, lässt einerseits *sterilis* in v. 69, andrerseits v. 30 *uiridem Idam* nicht zu. Man muss entweder *rigidus* oder *nec amica* schreiben.

IIII Zu c. LXIIII

14 *Emersere feri candenti e gurgite uultus* —
lies *fere i. passim, plerumque.*

16 *Illa atque alia uidere luce marinas Mortales . . nymphas.* Nicht an diesem einen tage nur erblickten von der Argo aus menschenaugen die nymphen des meeres — sinnlos ist die änderung *illac hautque alia* — sondern öfters sahen sie jene von nun an (vgl. LXVIII 152 *haec atque illa dies atque alia ex alia* — denn so ist statt *atque alia atque alia* zu lesen, zur vermeidung dieses doppelten *atque.*) und durch dieses öftere sehen allein ist schliesslich die verbindung zwischen Peleus und Thetis begründet. Die einfache besserung *Illac atque alia* hat bereits Statius gefunden.

Ob *uiderunt luce* oder *uidere e luce* (es folgt gleich v. 18 wieder an derselben stelle *e gurgite cano*) zu schreiben, mag zweifelhaft sein; die formen auf *e* liebt Catull allerdings.

18 *nymphas*
nutricum tenus extantes e gurgite cano.
Bis zum schoss entblösst sah man sie ohne zweifel. *pube tenus* Vergil III 427; *utero tenus exerta* Seneca Herc. Oet. 1673. Also ist *matricum tenus* zu schreiben. *matrix . i . uulua.* Wenn Merobaudes IV 33 *(Roma) nutricem tibi praebuit papillam* sagt, so ist doch nie *nutrix* allein für *papillae* gebraucht worden.

23 *Heroes, saluete deum genus, o bona matre*
Progenies, saluete iterum —

matre hat der Germanensis als verbesserung des von erster hand gesetzten *mater*. Man lese: *O bona macte Progenies.*
LXIIII, 24 *uos ego saepe meo uos carmine compellabo* —
lies *Quos ego s. m. uos c. c.*

48 *Sedibus* ist trotz 176 schon früher mit *Aedibus* vertauscht worden, wohl mit recht, da eben erst v. 43 *sedes* da war.

60 *Quem procul ex alga* —
vielleicht *ex alia sc. parte*, vgl. 168 und 251.

63 *Non flauo retinens subtilem uertice mitram,*
    Non contecta leui uelatum pectus amictu,
    Non tereti strophio lactentis uincta papillas.

Wie die beiwörter der bekleidung *subtilis leuis teres*, so müssen sich die der körperteile ohne zweifel entsprochen haben darin, dass alle den begriff des schönen in sich schliessen und der schilderung der schönheit dienen; darum einzig und allein ist *uelatum* falsch, das sich sonst sehr wohl verteidigen liesse. Zu dem *flauus uertex*, den *lactentes papillae* passt ein *uelatum pectus* nicht! Aus demselben grunde sind nun auch *bullatum uesanum nudatum* vgl. LXIIII, 129, LXVI, 81, ferner *uiolatum . i . laniatum* (durch die äusserungen der trauer), *uiduatum* — indem auf den körperteil übertragen würde, was dem *pectus* in übertragener bedeutung zukommt — und anderes zu verwerfen. Da wäre nun Mählys vorschlag ganz angemessen dem sinne nach.

Non contecta leui niueum per pectus amictu,
dem wortlaut nach müssen wir ihn schon wegen des *per* verwerfen. Ovid amores I 5,21 nennt ein *pectus castigatum*; nichts passenderes könnte man an dieser stelle zu *pectus* hinzufügen als diesen der plastik entnommenen ausdruck, gar hier in der schilderung eines kunstvollen gewebes, in welchem die geschilderten gegenstände mehr oder weniger von der grundfläche sich abheben. Das führt auf *caelatum pectus*.

Dies wort ist um seines synonyms willen in den hdss. so oft mit *uelare* vertauscht worden. In Senecas Phaedra 729 ist *scelere celandum est scelus* — statt *uelandum* — der allitteration zu liebe zu lesen; hinwiederum in den einsiedler eclogen (jetzt in Rieses

Anthol. II 725) I 47 *uelauit amictu* für *celauit*. — Vergleichen könnte man allenfalls Vergil VII 792 *caelataque amnem fundens pater Inachus urna*. — Von einer stickerei der Proserpina sagt Claudianus R Pr. I 256: *Filaque mentitos iam iam caelantia fluctus Arte tument.*

Von befreundeter seite kommt mir ein anderer vorschlag zu, der der beachtung werth ist:

Non contecta leui laeuatum pectus amictu

So schildert Vergil XI 39 f. den noch im tode schönen Pallas:

ipse caput niuei fultum Pallantis et ora
ut uidit leuique patens in pectore uolnus —

leuia pectora braucht derselbe VII 349, ebenda 815 bewundert die menge „*ut regius ostro Velet honos leuis umeros*" der Camilla; mehr citate geben die ausleger zu dieser stelle: hervorzuheben ist Statius Th. VIII 565: *surgentes etiamnum umeros et leuia — pectora*. Ich wüsste dieser vermutung nur den allerdings durch den quantitätswechsel gemilderten ungünstigen eindruck, den der gleichklang an dieser stelle bewirkt, entgegenzusetzen.

LXIIII, 71   *A misera assiduis quam luctibus externauit*
         Spinosas Erycina serens in pectore curas
         Illa tempestate feroxque et tempore Theseus
         Egressus curuis e litoribus Piraei
         Attigit iniusti regis gortynia tecta.

Zu *illa tempestate* — *qua* vgl. LXVI, 11 *qua rex tempestate — iuerat* LXVIII, 113 *tempore quo*. Trotz des *pectore* im vorausgehenden verse ist auch in 73 dasselbe wort statt *tempore* einzusetzen: *ferox qua pectore*. Diese *ferocia* wird geschildert v. 81 ff. vgl. 123 *immemori pectore* und 125 wiederum *imo e pectore*; 198 *pectore ab imo*, 202 *maesto pectore* und zum dritten male innerhalb zehn versen 208 *oblito(?) pectore*.

88   *lectulus in molli conplexu matris alebat* —

lies *lecticulus molli*, vgl. oben zu 57, 7.

92   *Non prius ex illo flagrantia declinauit*
       Lumina quam cuncto concepit corpore flammam
       Funditus atque imis exarsit tota medullis.

Hier ist zunächst *pectore* für *corpore* zu lesen mit den Italienern; so Vergil A VII 356 *Necdum animus toto percepit pectore flammam*, Catull selbst LXVI, 23 *ut tibi tunc toto pectore sollicitae* u. s. w. und nach ihm Petronius 127 (p. 176 Büch.) *cum se concesso iunxit amori Juppiter et toto concepit pectore flammas*; weiter ist darauf aufmerksam zu machen, dass *atque* sich hier wirklich nachgestellt findet trotz des widerspruchs von Haupt; denn, wie so häufig *contra congredi* und ähnliche verbindungen in Catulls zeit noch beliebt waren, so ist hier in dem einen verse *cuncto* mit *concepit*, in dem anderen *funditus* mit *imis* eng zusammengesellt, vgl. Lucretius I 993 *quia nil est funditus imum*. und die losreissung dieses *funditus* von dem begriffsverwandten worte, seine verbindung mit dem vorausgehenden wäre sinnlos. So lässt auch die postposition von *namque*, die Lachmann zu Lucretius s. 246 für nachcatullisch erklärt, sich durch ein früheres beispiel belegen: Gellius III 10, 1 führt an „*Varro in primo librorum qui inscribuntur Hebdomades uel de imaginibus septenarii numeri quem graece ἑβδομάδα appellant uirtutes potestatesque multas uariasque dixit. Is namque numerus, inquit, septentriones maiores minoresque in caelo facit.*" Dies *namque* gehört der begründung Varros an, nicht dem referat des Gellius.

LXIIII, 105 Wie eine gewaltige windsbraut auf dem Taurus eine eiche oder fichte niederwirft, so Theseus den Minotaurus. Was hat der dichter bei diesem vergleich des ungeheuers mit der eiche oder fichte des taurus für epitheta verwandt? der *pinus* werden wenigstens *coni* und eine *sudans cortex* zugewiesen, als zeichen der kraft, die ein bäumchen noch nicht hat; die eiche erhält ein attribut, wie es jedem jungen bäumchen, das schon zweige angesetzt, zukommt: *quatientem bracchia*. Das ist unmöglich; hiesse es wenigstens *pandentem* oder *spatiosam* oder *patientem!*

Das rechte wort für das knorrige, struppige, geborstene, auf hohes alter und gewaltige kraft hindeutende aussehen der eiche ist *squalentem*.

109 *illa — pronae adit lateque tumieius omnia (al'. obuia) frangens*.
lies: *late contermina et obuia frangens*.

LXIIII, 110 *Sic domito saeuum prostrauit corpore Theseus.* Wenn es wenigstens hiesse: *domitum saeuo p. corpore!* Da liesse sich doch noch zwischen dem objecte und den ablativen ein zusammenhang finden, ohne den *saeuum* oder *domitum* dem bereits vorgeschlagenen *taurum* notwendig weichen muss. Das rechte trifft meine ich *tumidum saeuo p. corpore.*

111 *uanis — uentis]* l. *vacuis.* Seneca de ira III 1, 6: *taurorum cornua iactantur in uacuum.*

119 *Qua misera ingnata deperdita leta.*

Man kann sich an v. 70 *tota pendebat perdita mente* erinnern. vgl. Propertius I 3.11 *nondum etiam sensus deperditus omnes.* Doch wird *luctu* dem sinne nach wie palaeographisch — nach dieser richtung entsprechen sich *laeta*, woraus der abschreiber erst seiner zeit gemäss *leta* gemacht, und *luctu* genau — richtiger sein. Zu ergänzen ist *iacuit*; in *ingnata* liegt das adjectiv *ingratus*, freilich nicht in der abgeschwächten bedeutung in der es später meist gebraucht wird:

Quae misera ingrato iacuit deperdita luctu

In dem verse des Varro den Bücheler bei gelegenheit dieser Catullstelle in Fleckeisens Jahrb. 1866 bespricht — ich meine gleichfalls, dass er dem Ataciner gehört —

huic similis curis expedita lamentatur

ist weder *expergita* noch *expergita* zu lesen, sondern *expallida.* Dies wort führt Forcellini an aus Sueton. Caligula 50: *statura fuit eminenti, expallido colore*, und Tertullianus Res. carn. 57: *corpus frigidum et expallidum.* Der gebrauch bei diesen schriftstellern ersetzt ja für die ältere Zeit dann und wann den mangel gleichzeitiger beispiele.

121 *Aut ut uecta ratis spumosae ad litora Diae*
    Aut ut eam deuincta lumine somno
    Liquerit i. d. p. coniunx.

In v. 122 ist die widerholung des *aut* ganz überflüssig; dem verlassen der ihrigen wird gegenübergestellt, wie Ariadna selbst nach der ankunft auf Naxos von Theseus verlassen wird; nicht lässt sich dies bild wieder in mehrere trennen, ist doch das was

v. 121 erzählt, nur ein untergeordnetes moment, die hauptsache was 122 f. berichtet wird. Die worte *aut ut* sind in v. 122 also flickwerk, ein halbvers ist ausgefallen, und er kann voll und ganz aus Ciris 206 entlehnt werden; *ratis* ist dann gleichfalls festzuhalten:

Aut ut uecta ratis spumosa ad litora Diae,
Jamque adeo dulci deuinctam lumina somno u. s. w.

LXIIII, 135 *Sicine discedens neglecto numine diuom*
   Inmemor a deuota domum periuria portas?

Deuota periuria sind, nach dem Forcellini, „*propter quae malis omnibus obiciaris*", in wahrheit könnten es höchstens sein „*uoto promissa at neglecta tamen*. Ariadna wird ausgerufen haben: *a deuote!* mit diesem rufe stimmen die ausdrücke 136 *crudelis mentis consilium*, 174 *perfidus* und ihre forderung um rache in v. 190, bei der sie die Eumeniden selbst 193 anruft.

137 *Tibi nulla fuit clementia praesto,*
   Inmite ut nostri uellet mitescere pectus?

Der gegensatz *inmite — mitescere* hätte wie Scaliger auch die späteren veranlassen sollen, den sitz des fehlers anderwärts zu suchen, er liegt sicher in *nostri*, wofür eben *uostri* zu setzen war; danach muss man, wie es scheint, die interpunction ändern; die frage in 137 mit der vorausgehenden in engere verbindung setzen und v. 138 selbst als einen sich daran knüpfenden wunsch fassen. In dem wechsel zwischen *tu* und *uos* liegt freilich, wie v. 160 (*si tibi — in uestros — quae tibi*) zeigt, dafür nichts zwingendes.

148 *Dicta nihil metuere, nihil periuria curant.*

Metuere ist veranlasst durch *metuunt* 146, aber weicht vom ursprünglichen wenig ab, wenn es wie ich meine aus *mouere* entstanden ist. *mouere* für *mente agitare aliquid* ist bekannt.

168 *nec quisquam apparet uacua mortalis in alga.*

Das wie es scheint hier wie v. 60 unberechtigte *alga* muss wohl nach v. 57 (*desertam in sola miseram se cernat harena*) mit *harena* vertauscht werden: *mortalis harena*.

174 *in Cretam religasset nauita funem —*

Religare nicht gleich *soluere*, wie Forcellini will, sondern „anlegen"; da muss *in Creta* stehen wie β u. a. wollen.

LXIIII, 177 ff. *Nam quo me referam? quali spe perdita nitar?*
Idoneosne petam montes? a gurgite lato
Discernens pontum truculentum ubi diuidit aequor.
An patris auxilium sperem?

So die hds. Es ist eine doppelfrage: „wohin soll ich mich wenden, in die fremde oder in die heimat?" Zunächst ist *Jam* für *Nam* zu setzen. Da sich Ariadne in der zweiten frage des vaters, also der heimat, erinnert, kann nicht *Idaeos* oder *Idomeneos* in dem *Id(m)oneos* der hds. liegen; es wird eine weit entlegene gegend gemeint sein. Die worte *a gurgite — aequor* bilden sicherlich das zweite glied der ersten frage: *a* ist aus *ā* d. h. *aut* entstanden; *pontum* hat man unglücklich in *ponti* geändert, *truculentum* dürfte auf den Pontus euxinus oder die länder die ihn umgeben hinweisen, vgl. Valerius Fl. VIII 180 *trucis ad confinia Ponti*; Catull selbst 4,9 *trucemue ponticum sinum*. Die erinnerung an Colchis wie an Tauris liegt nicht fern. Hier liegt nun die schwierigkeit in *discernens — diuidit*; selbst wenn wir *discedens* setzen wollten, was mit der beschaffenheit jenes meeres vortrefflich stimmte (Plinius IIII 76 *longe refugientis occupat terras magnoque litorum flexu retro curuatus in cornua, ab his utrimque porrigitur, ut sit plane arcus scythici forma*), würde *diuidit* unerklärlich sein. Wenn aber *d* und *a*, *i* und *l*, *ui* und *lu* so leicht einer vertauschung unterliegen, warum sollte nicht hier *diuidit* aus *alludit* entstanden sein? dass *ubi* dann seinen platz vor diesem worte erhielt, war natürliche folge. — Es hat Ariadnen doch wohl der gedanke vorgeschwebt priesterin eines gottes oder einer göttin zu werden, wie Medea in Colchis war, Iphigenia in Tauris. Für *Idmoneos* lässt sich da manches aussinnen, z. b. *Dindymios* — auch Cybele hatte priesterinnen — besser doch wird man sie auf den gebirgen Thraciens als priesterin des Bacchus sich vorstellen; da liegt *Edonos*, was so häufig in *Edonios* verderbt worden ist, näher als *Mygdonios*. Wir lesen also:

Jam quo me referam? quali spe perdita nitar?
Edonosne petam montes aut gurgite lato
Discernens **Pontum** *truculentum* **alludit ubi aequor?**

LXIIII, 183 *quine fugit uentos incuruans gurgite remos.* —
Ohne bezug auf die situation des Theseus wäre *lentos* oder *uentoso*:
es muss *uetitos* heissen.

184 *Praeterea nullo litus, sola insula tecto.*
Das ist unmöglich, lies *nudum litus.*

193 Für *anguino* muss *anguineo* geschrieben werden, was
ausser Lygdamus auch Pseudo-Seneca in der schilderung der
Furien gebraucht hat, nach unzweifelhaft richtiger emendation von
N. Heinsius, Agam. 797 *auguinea iactant uerbera;* die hdss. geben
dort *sanguinea.*

197 Das absolute *ardens* will dem folgenden vollen ausdruck
amenti caeca furore gegenüber nicht recht zusagen: etwa *inops
ardens animi, caecata furore?*

200 *Sed qualis sola Theseus me mente reliquit,*
Tali mente deae funestet seque suosque.
Gewiss gefälliger ist *Qualis — tali mente* als das plane *quali
mente — tali mente*, welches Schwabe recipirt hat. Es kommt
nur darauf an für *sola* das richtige zu finden. Ich halte *solita*
dafür. Die *perfidia* und *leuitas* mit der Theseus sie zurückgelassen,
werden als ein characterzug des heros aufgeführt.

205 *Quŏ tunc tellus atque horrida contremuerunt Aequora.*
Das sicherste dürfte hier sein sich auf Vergil zu verlassen, bei
dem wir A III 672 lesen: *quo pontus et omnes Contremuere undae
penitusque exterrita tellus Italiae;* also: *quo penitus tellus* u. s. w.
Denn *Quŏtunc*, d. h. *Quoniam tunc*, für *Qu(o) omnia tunc* zu
erklären möchte doch gewagt sein.

207 *Ipse autem caeca mentem caligine Theseus*
Consitus oblito dimisit pectore cuncta.
Wenn gleich hauptsächlich das festhalten der aufträge des vaters
mit dem gedächtnis betont wird, (209—238, 231 248 *constanti
mente tenere, memori corde, mente inmemori*) so wird doch hier,
wie *caeca mentem caligine consitus* beweist, vom dichter ein herberer

ton angeschlagen, für den *oblita dimisit pectore* zu schwach scheint. Die steigerung in den parallelgestellten ausdrücken:
oblito pectore dimisit
constanti mente tenebat
ist meiner ansicht nach auch nicht am platze, ja durchaus ungehörig; er kann eben nicht mehr als sie vergessen, eine steigerung wie sie bei der erinnerung allerdings sich findet, giebts beim vergessen nicht (wenn man von der zeitdauer absieht). Vergils „*si mens non laeua fuisset*, (vgl. *laeuum pectus* bei Persius, πλάγιαι φρένες bei Pindar), giebt wohl das richtige an die hand: das ist *oblico pectore*.

LXIIII, 225 f. *Inde infecta uago suspendam lintea malo,*
Nostros ut luctus nostraeque incendia mentis
Carbasus obscurata dicet ferrugine hibera.
Statius hat *deceat*, Lachmann *decet* conjicirt; aber Aegeus hat weniger das was sich schickt im auge, als er durch das schwarze segel vielmehr die trauer anderen gegenüber ausdrücken will; es dürfte sich zu dem zweck eher *doceat* empfehlen; dann freilich muss der nominativ *obscurata* dem ablativ *obscura* weichen; jenes verbum ist aber auch in der bedeutung „dunkel färben" gar nicht gebräuchlich gewesen. Also:
carbasus obscura doceat ferrugine hibera.
obscura ferrugine Vergil G. I 467 Ovid. M. V. 404 *ferrugine atra* Ovid M. XV 789. *ferrugine ibera* Vergil. A VIIII 582. *peregrina ferrugine* XI 772.

237 *cum te reducem aetas prospera sistent.*
freta, aequora, aura sind gleichermassen unzulässig; des meeres gunst oder ungunst hat auf die unternehmung des Theseus, die trauer des Aegeus keinen Einfluss; *sors* liegt gar zu weit ab von der hds. lesart *aetas*, zu der sich der plural *sistent* gesellt. Ich lese *reducem r a t e p. sistent* — „dich zu schiffe heimführen". — *prospera* ist substantivisch gewiss früh in gebrauch gekommen vgl. Cicero Diu. II 89, es bedarf keinen zusatz; wäre ein solcher durchaus nötig, so würde man allenfalls *r a t a prospera* schreiben dürfen.

laeta et prospera findet sich vereinigt bei Plinius paneg. 7; das führte mich früher einmal auf die vermutung *aeca et prospera;* die vertauschung eines ungeschickten oder verloschenen *&* mit einem *s* war leicht möglich. —

LXIIII, 243 *Cum primum inflati conspexit lintea ueli* — lies: *in grati.*

249 *Quae tamen prospectans cedentem maesta carinam* — übergeschrieben ist die richtigere lesart *aspectans.* Lies: *quae interea spectans.*

251 *At pater ex alia florens uolitabat Jacchus.* Die lesart der hds. *pater* ist zu halten, vgl. oben zu v. 60.

254 *Qui tum alacres — furebant.* Diese lesart im verein mit dem folgenden *bacchantes .. Harum* legt eher die annahme einer vorausgehenden lücke nahe.

256 ff. Es dürfte wohl auf die *allitteration* aufmerksam gemacht werden, die die schilderung des Bacchuszuges bis v. 264 hin belebt.

263 *Multi raucisonos efflabant cornua bombos*
Barbaraque horribili stridebat tibia cantu.
Der nominativ *tibia* zwingt uns nicht auch *cornua* zum subject zu machen, wenn etwa sonst durch eine leichte besserung der hds. lesart eine andere construction sich darbietet. Dem von Schwabe gebilligten *Multis* würde ich darum immer noch vorziehen:
Multi raucisonos inflabant cornua bombos
mit doppeltem accusativ. Ich glaube jedoch, *raucisonos efflabant bombos* ist durch falsche wortteilung entstanden, und lese:
Multi raucisono sufflabant cornua bombo.
der singular ist auch von Lucretius IIII 544 gebraucht worden (*et reboat raucum regio cita barbara bombum*).

264 Die schilderung des bildes bricht mit dem Bacchuszuge so rasch ab, dass die annahme einer lücke notwendig. Ich sehe, Mähly stimmt darin bei.

267 ff. *Quae postquam cupide spectando thessala pubes*
Expleta est, sanctis coepit decedere diuis.

Sehr vernünftig sind Ramlers bedenken gegen *diuis* gewesen, und man hätte sie nicht so ohne weiteres bei seite lassen sollen.

Die *sancti diui* kommen noch gar nicht so rasch herbeigeeilt, und zunächst sind es Chiron und Peneos, deren geschenke allerdings etwas raum einnehmen — daran zu denken hat aber gewiss dem Catull sehr fern gelegen — sie dürfen jene bezeichnung den weiterhin folgenden verglichen nicht beanspruchen. Vom palast ist die rede wie die erweiterte wiederholung in v. 276, die durch die eingeschobene schilderung 269—275 veranlasst wurde, beweist. Nur gibt es statt der Ramlerschen besserung *tectis* etwas näher liegendes:

sanctis coepit decedere c l i u i s

tempel und päläste waren auf anhöhen gebaut vgl. den *sacer cliuus (capitolinus)*. *Decedere* könnte auch durchaus nicht hier in der bedeutung „ausweichen" stehen: das verbietet *discedebant* in v. 277, es ist im sinne von *descendere* gebraucht. Wie ich sehe, hat Mähly an *uestibuli* in v. 276 anstoss genommen; es ist hier und v. 293 (*uestibulum ut molli uelatum fronde uireret*) kein anderes local damit gemeint, als v. 47 f. angegeben:

Puluinar uero diuae geniale locatur
Sedibus in mediis.

dass der begriff des *uestibulum* ein wechselnder war ist bekannt.

LXIIII, 273 *leuiter sonant]* l. *leuiter* r e s o n a n t.

275 *Purpureaque procul nantes ab luce refulgent]* l. *purpurea ac procul* e r r a n t e s *ab l. r.*

276 *Sic tum uestibuli linquentes regia tecta —*

lies *regia* t e x t a. Dies wurde *testa* geschrieben, wie oben v. 10; ähnlich ist *pectus* für *pestis* LXXVII 6 in der hds.

287 An vielen andern stellen Catulls hätte Schwabe bedenklicher sein sollen in aufnahme von conjecturen als hier; man konnte sich, da doch an wenig stellen absolut richtiges geboten wurde, und man sich mit dem relativ richtigen zu begnügen wusste, auch hier mit *claris* oder *doctis* zufrieden geben (obschon das letztere palaeographisch dem ersteren nachstehen mus), so gut wie man es mit *Naiasin* that, das doch auch immer nur ein

nothbehelf war; der sinn der stelle ist ja klar und könnte allenfalls neue conjecturen missen. An stelle des *Naiasin* ist nun seit Madvig den zweiten band seiner Adversarien publicirt hat (siehe dort s. 28), *Meliasin* — oder richtiger *Maliasin* — getreten. Lange vor der zeit habe ich, vielleicht so zufällig wie Madvig, eben dasselbe (veranlasst durch LXVIII 54 *lymphaque in oetaeis malia Thermopylis*) gefunden. Man mag nun auch versuchen, näher an das handschriftliche *doris* heranzukommen; irre ich nicht, so ist dies *floris* : wie oft die buchstaben *f e c* untereinander vertauscht worden sind, ist so bekannt wie der übergang von *cl* zu *d*.

LXIIII, 280 *Nam quoscumque ferunt campi, quos thessala magnis*
                Montibus ora creat —

Das wäre eine unerträgliche ungleichmässigkeit der construction; den *campi* im allgemeinen kann doch nicht im besonderen Thessalien mit den bergen gegenübergestellt werden, Thessalien, das eben durch so schöne *campi* berühmt ist; aber die hds. hat *campis* den *montibus* entsprechend, Thessalien muss beiderseits subject sein, in *ferunt* steckt der fehler: lies *fere campis*, vgl. oben zu v. 14.

  300 *Caelo te Phoebe relinquens*
       Vnigenamque simul cultricem montibus Idri.

Bis auf weiteres wird *Hydri* zu schreiben sein. Hydrus ein vorgebirge der dem Artemisdienste besonders ergebenen küste Kleinasiens, nur aus Plutarch Cimon 13 bekannt.

  307 *His corpus tremulum conplectens undique uestis*
      Candida purpurea talos incinxerat ora.
      At roseo niueae residebant uertice uittae
      Aeternumque manus carpebant rite laborem.

Statt *incinxerat* wird es doch wohl *distinxerat* heissen mögen. Die *niueae uittae* in v. 309 scheinen mir unantastbar. Die vergleichung mit dem schmuck der Rhea-priesterin bei Propertius V 9, 52:   *alma sacerdos*
   puniceo canas stamine uincta comas
passt hier so wenig wie Ciris 511
    purpureas flauo retinentem uertice uittas

sonst würde sich freilich leicht „*at roseae niueo r. u. u.*" ergeben. Ueberflüssig ist zunächst schon das *At.* Das beste was bisher gefunden worden, verdankt man dem dichter Ernst Schulze: *annoso . . uertice*, aber ich zweifle, dass es das richtige ist. Catull sagt LXVI 8 : *e beroniceo uertice*

LXVI 60: *ex ariadneis . . temporibus*

er könnte wohl auch hier das adjectiv eines eigennamens angewendet haben, und dies findet sich durch änderung eines einzigen buchstabens:

Atropeo niueae residebant uertice uittae.

können die *concordes Parcae*, wie sie Vergil ecl. IIII 47 und der verfasser der Ciris 124 nennt, nicht einmal von ihr, die nach dem Ἀσπίς v. 260:

τῶν γε μὲν ἀλλάων προφερής τ' ἦν πρεσβυτάτη τε,

ihren gemeinsamen namen geliehen haben? denn auf Atropos allein lassen sich die folgenden verse 309—319 freilich nicht beziehen.

LXIIII , 325 *Accipe quod laeta tibi pandunt luce sorores*
Ueridicum oraclum . sed uos quae fata secuntur
Currite ducentes subtegmina , currite fusi.

Der intercalaris muss unbedingt von der strophe losgelöst werden, wie er in allen übrigen strophen selbständig erscheint; es ist also hinter *secuntur* punct zu setzen, hinter *oraclum* eine leichtere oder gar keine interpunction. Es frägt sich nun, ob die lesart *sed uos* — aus der durch falsche auflösung des gleichgeltenden compendiums wie es scheint im Hamburgensis *seruos* gemacht worden — als eine unbeabsichtigte trübung der echten lesart oder eine zur herstellung des verständnisses mit bewusstsein vorgenommene änderung einer corruptel zu gelten hat. So nahe die letztere annahme liegt, möchte ich doch zunächst den ersten fall ins auge fassen, da der Veronensis wenn nicht frei von interpolationen doch in sehr beschränktem maasse durch solche versuche verunstaltet ist. Die emendationen von Vossius, Ast u. a. *serues seruans* sowie eine eigene *reserans* beruhen alle auf jener lesart der schlechteren handschriften. Denselben sinn würde, in strengerem anschluss an *seduos, soluens* bieten. Aber könnte dies *seduos* nicht vielleicht nur eine auf der langobardischen form des a (cc) und der vertauschung von cl und d beruhende verderbnis sein? ein *saluos* zur begrüssung des Peleus scheint nicht ungeeignet und nur gegen seine stellung könnte vielleicht ein bedenken ausgesprochen werden, wie ich glaube nicht mit recht. Dies wort hat vielleicht der Veronensis selbst noch gehabt und nur die alte endung *os* mag zur verlesung die copisten verleitet haben. Die worte *quae fata secuntur* lassen sich ohne anstoss als epexegetischen zusatz zu *ueridicum oraclum* auffassen. Also:

Accipe quod laeta tibi pandunt luce sorores
Ueridicum oraclum, saluos, quae fata secuntur.

LXIIII, 332 vgl. Dirae 171 *grandia formoso subponens bracchia collo (gaudia collo* geben die hdss.)

344 *Cum Phrygii teucro manabunt sanguine tenen.* Das richtige bietet die vergleichung von Culex 306:

Teucria quom magno manaret sanguine tellus.

(vgl. unten LXV 7 *troia-tellus*). Also:

Quom Phrygiae teucro manabit sanguine tellus.

350 *Cum in ciuium canos soluent a uertice crines* — auch an *cano soluent a uertice* könnte gedacht werden. *in cinerem* ist eine äusserst unglückliche vermutung, die nichts für sich hat, als dass das verunglückte wort in der hds. mit denselben buchstaben beginnt; *in luctum* dürfte vorzuziehen sein. Zu weit entfernt sich von der hds. *cum incano raros soluent a uertice crines.* —

357 *Unda Scamandri*: vielleicht *Camandri*, welche form Nonnus bietet.

363 *Cum teres excelso coaceruatum aggere bustum Excipiet* — lies: *cum interea excelso* u. s. w. vgl. 305 und Vergil X 665 u. a.

368 siehe oben s. 17

372 *Quare agite* — so Vergil A VII 130.

LXIIII, 387 *Saepe pater diuum templo in fulgente reuisens,*
Annua cum festis uenissent sacra diebus —
lies: *templa in fulgore reuisens.*

390 *Saepe uagus Liber Parnasi uertice summo*
Thyiadas effusis euantis crinibus egit,
Cum Delphi tota certatim ex urbe ruentes
Acciperent lacti diuum fumantibus aris.

In den beiden letzten versen ist doch unzweifelhaft von Phoebus die rede. Darum hat Vossius *acciperent Latonigenam* schreiben wollen, der neuste herausgeber aber eine lücke vor *cum Delphi* angenommen. Das letztere ist nicht richtig; die stelle ist auf eine gleichzeitige feier des Bacchus und Phoebus zu beziehen, wie sie Preller I 429 n. andeutet. Dann ist nur *uatem diuom* für das *lacti diuom* der hds. zu schreiben. Wer *laeti* halten wollte, müsste *diuum* wenigstens in *Phoebum* ändern.

394 *Saepe in letifero belli certamine Mauors*
Aut rapidi Tritonis era aut ranusia uirgo
Armatas hominum est praesens hortata cateruas.

Sicher hat der schreiber unter *ranusia* hier wie LXVI 71 LXXX 77 *Rhamnusia* verstanden, die Nemesis; die frage Schwabes, was sie hier soll, ist wohl begründet, denn es kann ja hier von einer mitwirkung wie sie am Marathonischen kampfe dieser göttin zugeschrieben wurde (vgl. Anthol. Palatina t. II p. 705 Jacobs Ausonius epigr. XXII) nicht die rede sein. An *Amathusia* zu denken, verbietet natürlich *uirgo:* es kann nur Artemis gemeint sein, die im kampfe Ilias V 447 auf der Trojaner seite sich befindet und den Aeneas heilt; das führt auf *Amarysia.*

V Zu c. LXV — CXVI

LXV, 19 Schwabes worte Quaest. I 273 haben mich nicht überzeugen können, dass der vergleich mit dem apfel der Hippodamia passt. Man muss notwendig Rossbach beistimmen.

21 *miserae oblitae]* vielmehr *misere oblitae . i . male*, zu ihrem schaden.

LXVI, 6 *Ut Triuiam furtim sub latmia jaxa relegans*
         Dulcis amor giuoclero deuocet aerio —
In *giuodero* (oder *clero*) liegt eine doppelte lesart vor; zunächst könnte man an ein griechisches wort (κλῆροσ?) denken — aber nichts zwingt dazu: ungewöhnlicher gebrauch eines lateinischen kann gleichfalls, sei es zu einer erläuterung, sei es zu einer besserung, anlass gegeben haben. Beide, das zu erklärende wie das erklärte, sind hier verdorben: es stand wohl *puro claro* da. *per purum* gebrauchen Vergil und Horatius; auch in anderen casus konnte es substantivisch wie *serenum* mit einem adjectiv verbunden werden.

Für *gyro* spricht nicht viel; da war *cliuo* viel besser, vgl. Theokrit x' 38: ἀπ' Οὐλύμπω δὲ μολοῦσα λάτμιον ἂν νάπος ἦλθε.

7 *Caelesti in culmine* hat, wie ich sehe, Mähly bereits gefunden: er hätte das gleiche auch v. 59 setzen sollen, wo der Germanensis eben wie hier *numine* bietet.

9 *quam multis illa dearum — pollicita est.*
Pollicita est ist im sinne von *uouit* gesagt und darf absolut stehen. Unten v. 33 steht freilich der dativ *diuis* dabei. Hier scheint in *multis* eher *cultrix* oder *mustis* μύστης zu liegen. Das πᾶσι θεοῖς des Kallimachos darf uns nicht binden.

11 *Qua rex tempestate nouo auctus hymenaeo*
   vastatum finis iuerat assyrios.
Warum nicht *iunctus*? aus denselben gründen, aus denen abgesehen vom hiatus weder *auctus* noch *mactus* zulässig ist. Den richtigen Sinn hat Fröhlich mit *abductus* getroffen: man schreibe *auectus*.

12 *vastatum* glaube ich hat hier absolut gestanden, *iuerat* hingegen in verbindung mit *finis*: ἦιεν ἐπ' Ἀσσυρίων ἡμεδαπὴ στρατιή schrieb Kallimachus. Also *ad surios*.

15 *Estne nouis nuptis odio Venus atque parentum*
   Frustrantur falsis gaudia lacrimulis?
Wie konnte man hier — es bedurfte gar nicht erst des *uera* in v. 18 — Heyses *salsis* einsetzen! Anstatt *parentum* lese man *parata*.

LXVI, 23 *Quam penitus maestas exedit cura medullas* —
lies *penitus tostas*.

25 *At ego certe* —
wiederum lies *a te ego*.

30 *ut tristi lumina saepe manu* —
Mit Avantius war *tersti* herzustellen: der abschreiber hat nur wieder die conpendien verwechselt. So ist oft *trina* und *terna* vertauscht worden.

31 *Quis te mutauit tantus deus? an quod amantes
Non longe a caro corpore abesse uolunt?*

Der inhalt des zweiten fragesatzes muss unter den begriff dessen fallen, was im codex mit *deus* bezeichnet ist; der unsinn liegt klar zu tage; man darf ja hier nicht ergänzen: „oder war es nicht ein gott, sondern der umstand, dass u. s. w. Schreibe *dolor* für *deus*.

33 *Atque ibi pro cunctis pro dulci coniuge diuis* —
pollicita es —

Das object *me* darf fehlen; lies *prae cunctis*. Vgl. *nouo munere* in v. 38.

44 *Ille quoque euersus mons est quem maximum in oris
Progenies Phthiae clara superuehitur,
Cum Medi propere nouum mare atque iuuentus
Per medium classi barbara nauit Athon.*

Die solenne schreibung *phytie* spricht für das alter der lesart *Phthiae*, die ich selbst, trotz des schönen was in *Thiae* liegt, für ursprünglich halte. Grade vom vorbeifahren an vorgebirgen wird *superuehi* gebraucht, z. b. Livius 42, 48, 7 *promunturium Calabriae*; weniger passt es für den Helios, zudem *in oris* und nicht *in orbe* dabei steht. Der dichter erinnert an die kriegsfahrten der Hellenen gegen Asien, nach Colchis und Troja, die vom südlichen Thessalien und den nachbargebieten aus am Athos vorbeigingen. „Das grösste vorgebirge, das die Hellenen kannten, haben ihre feinde mit dem eisen durchbohrt."

Der Germanensis gibt in 45 *propere*, was man durch das ganz unpassende *peperere* ersetzt hat. Der fehler der hds. ist unbedeutend: *properare* ist herzustellen. Es wird kaum nötig sein auf Vergil A IIII 171: *lentis Cyclopes fulmina massis cum properant* und andere stellen zu verweisen. Die dem infinitiv gleiche perfectform scheint davon zurückgeschreckt zu haben, aber gerade Catull hat diese gleichheit nicht gescheut.

Nun sehe ich, dass bereits in der Hamburger hds. *properare* steht. Aehnliche fehler sind häufig, so z. b. LXVII, 44 *speret* für *speraret*.

In v. 46 ist metrum und sinn durch *iamque* zu bessern.

59 *Numen ibi uario ne solum in lumine caeli*
   Fixa corona foret —

so schreibt Schwabe. Aber *uario* passt gar nicht zu *lumine*, denn es hat die bedeutung „gesprenkelt", auch hier ist (statt des handschriftlichen *numine*) *culmine* einzusetzen, die buchstaben am anfange des verses als *Lumen ibi* zu deuten; so kommt denn ziemlich das heraus, was ehemals schon ein recensent in der Jenaer Litteraturzeitung von 1830 gefunden.

66 *Callisto iuxta Lycaonia —*
lies *mixta Lycaoniae*, engverbunden.

93 Lies: *Sidera cur retinent? iterum coma regia fiam,*
         Sit procul hydrochoi fulgor et Oarion.

LXVII, 6 *Quamque ferunt rursus uoto seruisse maligno,*
         Postquam est porrecto facta marite sene.

est gibt schon die hds., *maritu* für *marite* ist selbstverständlich. Nachdem der alte auf die bahre gebettet ist, was soll nun die *marita* machen, die bisher durch ihn schadlos gehalten wurde, für das was der *uir* ihr nicht gewähren konnte? in *facta* muss ein wort stecken, welches ihren kummer ausdrückt, der die veranlassung zu dem *uotum malignum* in v. 5 bietet. Das ist *fracta*.

32 *Brixia chinea suppositum specula —*
lies: *Brixia cycnea supposita in specula*, wie schon andere empfohlen haben.

34 Die *ianua* erzählt der aufforderung folgend von v. 19 an, nur durch den ausruf der verwunderung von seiten Catulls unterbrochen (29 s.). Eine weitere bemerkung Catulls auf den

zweiten teil der erzählung (von 31 an, — dem ersten teile, der mit *primum igitur* begann, durch das *atqui non solum hoc* entsprechend) folgt erst v. 37 *dixerit hic aliquis*. — Ganz falsch war es, 29—34 dem Catull, 35—36 der *ianua* einzuräumen, was ohne eine änderung (*Sed* v. 35 müsste zu *Et* werden) gar nicht einmal zu bewerkstelligen war. Der anlass zu dieser vergewaltigung liegt in 34 *Brixia Veronae mater amata meae*. Die in Brixen festeingebaute tür kann wahrlich an Verona kein interesse haben, von Brixia hingegen dürfte sie *amata* wohl sagen.

Kurzum: Die tür schmeichelt dem ihr geduldig zuhörenden Catull indem sie *Veronae tuae* sagt.

46 *Ne tollat rubra supercilia* —
zur genüge ist *Rufus* angedeutet.

LXVIII, 59 *Qualis in aerii perlucens uertice montis*
Riuus muscoso prosilit e lapide,
Qui cum de prona praeceps est ualle uolutus,
Per medium densi transit iter populi
Dulce uiatori lasso in sudore leuamen.

Gewiss kann von *densi populi* hier nicht die rede sein; aber *sensim* ist gleichfalls nicht das rechte: es wird dadurch eine durchaus notwendige bestimmung zu *populi*, die in dem *densi* der hds. liegt, getilgt, und eine andere überflüssiger weise hineingebracht; man beachte den parallelismus der ausdrücke:

de prona ualle praeceps uolutus
per medium iter transit.

Wie *prona* mit *praeceps*, so gibt *medium* mit *transit* verbunden den vollen ausdruck, dem Catull so oft huldigt, wie wir oben gesehen haben. Vgl. Vergil A. XII 926 *per medium stridens transit femur*. Sallust Jug 115 *per media castra transire*. Vgl. auch Vergil A X 816 s. *exigit ensem Per medium Aeneas — Transit et parmam mucro*. Dass der seitwärts herabrinnende bach den pfad des wanderers schneidet, ist nichts auffälliges — *medium iter* wird man nicht, wie eben Bährens gethan, antasten dürfen. Der sinn könnte *festinus, intentus, pressus* erfordern, wenn nicht gerade hier schon angedeutet wird, was der folgende vers weiter ausführt: die mattigkeit der leute, deren weg das bächlein kreuzt: ich schreibe *lenti*. — Schon bei der jetzt recipirten lesart *lasso* für das handschriftliche *basso* dürfen wir dies adjectiv nicht mit *uiatori*, wir müssen es mit *in sudore* verbinden; nachdem der begriff des ermattetseins voraufgegangen, geht das um so leichter. Ob dann aber *lassus* das richtige beiwort für *sudor* ist? Eher doch *uasto* (welches in *basto-basso* verderbt worden ist.)

LXVIII, 28   — *quod hic quisquis de meliore nota*
              Frigida deserto tepefactet membra cubili —

dem *quiuis* Lachmanns ziehe ich *si quis* vor — es entspricht mehr dem sinne der erfordert wird: „jeder der sich zur guten gesellschaft rechnet".

  65 *Hic uelut in nigro iactatis turbine nautis*
      Lenius aspirans aura secunda uenit
      Iam prece Pollucis iam Castoris implorati,
      Tale fuit nobis Allius auxilium.

Oben hiess es IV, 27 *gemelle Castor et gemelle Castoris;* etwas ähnliches hat hier gestanden. Lies:

     iam *pare* Pollucis iam Castoris *inplorato*

par d. i. *conpar, frater.*

  71 *Quo mea se molli candida diua pede*
      Intulit et trito fulgentem in limine plantam
      Innixa arguta constituit solea.

Wir können uns die häuslichkeit des Allius nur als eine anmutige ausmalen: siehe da hören wir, es ist ein altes haus mit ausgetretener schwelle (was anderes könnte *tritus* hier bedeuten?) und an Catulls artigkeit dürften wir irre werden. Es wird doch wohl *terso* oder *terso* heissen sollen — oder etwa gar *tersam fulgenti in limine plantam?* wie ja Ovid M II 736 von *tersae plantae* spricht.

  84 *Posset ut abrupto uiuere coniugio* —

besser: *posset ut al rupto uiuere coniugio,* es muss *coniugium* natürlich gleich *conubii uinculum* gefasst werden.

  85 Statt *quod scibant* ist nun *quem* (auf v. 81 rückbezüglich) *scirant* zu lesen, letzteres mit L. Müller.

LXVIII, 101   *Ad quam tum properans fertur undique pubes —*
Die ergänzungen des verses sind mehr oder weniger willkührlich. *torua* oder *trux undique* würde wenigstens einen anhalt an den vorausgehenden buchstaben finden. Lies *circum undique*.
— — *barathrum* —
112   *Quod quondam caesis montis fodisse medullis
    Audit falsiparens Amphitryonides.*
Audet hat der Germanensis: lies *Gaudet*.
136   *Quae tamen etsi uno non est contenta Catullo,
    Rara uerecundae furta feremus erae.*
Bei aller liebe zur geliebten hat Catull sich nicht eine solche lächerlichkeit zu schulden kommen lassen, sie *uerecunda* zu nennen. lies *uerecunde*. Ihre *rara furta* bewegen ihn seinerseits zu der *uerecundia* im ertragen derselben; *stultitia* (v. 137) wäre es, meint er, hier nicht nachsichtig zu sein: er würde durch masslose eifersucht ihre ungeduld erregen und sie zu grösseren ausschweifungen verleiten.
145   *Sed furtiua dedit mira munuscula nocte —*
Vor dem Heyseschen *muta* dürfte in jeder beziehung *surda* den vorzug haben.
152   *Atque alia atque alia —*
    ein *atque* muss weichen: lies *alia ex alia*.
155   *Sitis felices et tu simul et tua uita
    Et domus ipsi in qua lusimus et domina,*
157   *Et qui principio nobis terram dedit aufert
    A quo sunt primo omnia nata bono.*
Wenn die „versus 157 et 158 grauiter corrupti" sind, wie Schwabe sagt, so muss man wenigstens *terram* in 157 ausnehmen: hier war *caram*, sci's absolut, sei's mit rückbeziehung auf *domino* zu schreiben.

In *aufert* muss ein wort liegen, welches die berechtigung des freundes, die wirkliche oder ideelle, jenem die geliebte zuzuführen, bezeichnet, das ist *auspex*, παράνυμφος. Den namen *Anser* hat man sehr willkührlich darin gefunden. — Des freundes verdienst nun führt Catull weiter in v. 158 aus: *omnia* ist hier unzulänglich, was den sinn betrifft, fehlerhaft wegen des hiatus.

Der sinn ist: „von welchem der erste grund zu unserem glücke gelegt wurde."

Ich versuchte früher *semina nata boni*. Noch näher kommt man, wenn man schreibt:

A quo sunt primo momina nata boni,

„von dem der erste anstoss zu unserem liebesglück ausging".

LXVIIII 3   Eine von den stellen, bei denen sich nie mit entschiedener sicherheit wird sagen lassen, wie der schriftsteller geschrieben. So gut wie *rarae* kann *carae*, *uariae*, ja *tyriae* (are = tire für tirie) sein. Für *uariae* könnte der wegen des voraufgehenden *m* so leichte ausfall des *u* sprechen, wie auch die vergleichung mit *perluciduli lapidis*; das *labefactare* geschieht durch den reiz des äussern eindrucks von farbe und glanz.

LXXI 4   Mit den unter einander entsprechenden worten *iure* in v. 1, *merito* in v. 2 correspondirt in dem verse

mirifice est a te nactus utrumque malum

das verderbte *a te* — es ist aufzulösen in *certe*. vergl. LXXXXVI 1. 5:

Si quicquam — accidere potest — certe non tanto mors immatura
doloriat.

LXXVI 10   *Quare cur te iam amplius excrucies?*

Dem hiatus ist freilich leicht durch umstellung *iam te cur* abzuhelfen. Damit betrügt man sich selbst; die einsetzung eines zweiten *iam* würde unpassend sein, da caesur zwischen beide tritt. Vielleicht *pluribus excrucies?*

11   *Quin tu animo offirmas atque instinctoque reducis?*

Bei Ovid M. XII 92 liest man ein wort, das fernerhin aus der litteratur verschwindet: „*tamen indestrictus abibo*"; es ist da vom waffenkampfe die rede, und das wort bedeutet: *ne leuiter quidem percussus, illaesus*. Es könnte auch hier, bei dem inneren kampfe, den Catull kämpft, wohl gebraucht sein:

Quin te animo offirmas indestrictumque reducis?

21 *Ceu mihi subrepens imos ut torpor in artus*
    Expulit haec omnis pectore laetitias!

So hat wohl Catull geschrieben. Die hds. gibt *Seu* und *ex omni*. Die beiden verse gehören näher zum folgenden *Non iam illud quaero* — als zum vorausgehenden *Eripite* —, sie sind ein ausruf (*ut*, wie sehr!). Die stellung des *ceu* ähnlich wie beispielsweise die von *uelut* Vergil X 707 *Ac uelut ille canum morsu de monti altis Actus aper*. *Omni pectore* hat Catull nicht gesagt; dafür finden wir unter Caecilius Statius fragmenten v. 252 R.: *Omnibus laetitiis laetus incedo* (Cicero de fin. II 4, 13 ad fam. II 9).

Uebrigens würde ich gegen *Ei mihi* mich wenig sträuben.

LXXVII, 3 *Sicine subrepsti mei atque intestina perurens?* lies: *ima atque intestina*: das fragezeichen muss nach *perurens*, nach *bona* nur punct gesetzt werden.

4 Mit *sic* beginnt nun auch der folgende vers viel eindringlicher als durch *ei*, welches eine zu grosse häufung von ausrufen des schmerzes bewirkt.

LXXIX, 4 Vom Lesbius sagt der dichter: *uendat tota cum gente Catullum, Si tria natorum sauia reppererit*.

Hier haben schon die Italiener *amatorum* conjicirt, leichter und treffender dürfte man *aratorum* schreiben. vgl. Plautus Trucul. 1, 2, 48.

LXXXI, 3 lies *ab sede* mit dem Germanensis.

LXXXIII, 3 *Si nostri oblita taceret*
    Sana esset —
in dem *samia* der hds. scheint eher *sancta* zu liegen.

XC, 3 *Nam magus ex matre et gnato gignatur oportet,*
    Si uera est Persarum inpia relligio,
 5 *Gnatus ut accepto ueneretur carmine diuos*
    Omentum in flamma pingue liquefaciens.

Schwabe hat das wort *gnatus* festgehalten, trotzdem das verderbnis auf der hand liegt und die worte *accepto carmine* den weg zur besserung weisen; es war *gratus* zu schreiben. Damit dem *magus* die götter ihre gunst zuwenden, diese sein gebet und sein opfer gnädig aufnehmen, muss er auf eine zwar den gewöhnlichen gesetzen der natur zuwiderlaufende aber ihn zugleich über die zahl der gewöhnlichen menschen erhebende art gezeugt sein. Auch L. Müller hat den gedanken gehabt, aber wieder verworfen und *nauos* geschrieben, als wenn durch blutschande besonders tüchtige und begabte leute der welt geschenkt würden. Uebrigens vgl. die verbindung von *gratus* und *acceptus* in 96, 1 *gratum acceptumue*, wo doch wohl *acceptumque* zu lesen sein wird, wie Cic. Tusc. V. 15, 45 *gratum acceptumque*.

XCI, 6 *Hanc tibi cuius me magnus edebat amor* —
Der rhythmus erfordert: *tibi me cuius*.

XCIIII, 1 Einzig richtig ist die von Koch angegebene interpunction: •

*moechatur mentula : certe
Hoc est quod dicunt „ipsa olera olla legit"*.
vgl. C, 3. 4 *Hoc est quod dicitur illud „fraternum" uere „dulce sodalicium"*. *certe* und *uere* sind gleichbedeutend.

XCV Man hat wohl gefühlt, dass in dem epigramm, in welchem Catull das erscheinen der Zmyrna seines freundes Cinna begrüsst und die kleine arbeit, die neun jahre in anspruch genommen, zu den voluminösen annalen des Volusius-Tanusius in gegensatz stellt, eine erwähnung des Hortensius als verseschmierers geradezu eine unmöglichkeit ist. Schwabe hat auch nach seiner erörterung in den Quaestiones Catullianae doch kein anderes auskunftsmittel entdecken können, als den namen des Hortensius in v. 3 für unecht zu erklären. Die gründe sind folgende: 1. Da in v. 7 f. die Zmyrna des Volusius annalen gegenübergestellt wird, so ist gar keine gelegenheit, dieselben v. 3 f. mit einem werke des Hortensius zu vergleichen. 2. Catull hat sicherlich der gedanke fern gelegen, den Hortensius anzufeinden oder zu verletzen. 3. Für eine solche schreibseligkeit des Hortensius, wie sie aus v. 3 hervorzugehen scheint, liegt nicht der mindeste beweis vor. Das ist alles richtig: es folgt aber daraus nur, dass man in dem verlorenen pentameter v. 4 etwas anderes zu suchen hat, als z. b. der leser gefunden, der in

meinem exemplar des Ramlerschen auszugs flottweg ergänzte:
Stans pede uersiculos continuo uomuit. Seinem freunde Hortensius
wegen seines wunderlichen geschmacks einen kleinen hieb zu ver-
setzen, das wird Catull nicht gescheut, die gelegenheit dazu wird
er sich nicht haben entgehen lassen; die bekannte gutmütigkeit
des Hortensius wird sicher keine feindseligkeit herausgelesen haben.
Wie Cornelius in seinen tabellen die jugendproducte des Catull,
so mag Hortensius in seinen annalen (Cicero ad Att. XII 5,
Velleius II 16) das annalistische werk des Tanusius gerühmt
und, wie man vermuthen darf, insbesondere die fertigkeit, mit der
derselbe seine verse niederschrieb, bewundert haben: es dürfte
danach das distichon seinem sinne nach eher so zu ergänzen sein:

Milia quom interea quingenta Hortensius uno
Miretur Volusi carmina facta die.

Der name des Volusius in v. 4 beruht aber durchaus nur
auf vermutung, zu der der glaube, man habe ein einziges gedicht
vor sich, zunächst verleiten dürfte. Dem ist aber nicht so; das
epigramm, welches die langsame sorgfältige arbeit des Cinna mit
der raschen eines vielschreibers vergleicht, schliesst mit dem aus-
gefallenen pentameter. Ein zweites epigramm vergleicht den
dauernden ruhm des werkes — den Catull ihm verheisst — mit
der kurzlebigkeit der Volusischen annalen; in einem dritten stellt
sich der dichter mit seiner vorliebe für dies werk des freundes
der unverständigen menge gegenüber, die an einem *tumidus
Antimachus* gefallen findet. Das letztere hat schon Estaço ab-
getrennt, zwischen den ersten beiden aber hat man durchaus
einen zusammenhang herstellen wollen, der eben nicht vorhanden
ist, ausser dass in beiden muthmasslich Volusius der getadelte
ist. Dass mehrere selbständige, aber auf denselben gegenstand
bezügliche epigramme derart zusammengeschweisst wurden, davon
bietet die salmasianische anthologie genug beispiele.

XCVI 4.5   *Quo desiderio ueteres renouamus amores*
         Atque olim missas flemus amicitias.

quom ist nicht notwendig: *desiderio* ist pleonastisch gesetzt wie
LXIIII 73 *tempore* stehen würde (*illa tempestate ferox quo tempore*

Theseus) um den *dolor* zu specifiziren, der bei der erinnerung an alte liebe die menschen überkommt, oder wenn wir ein zerrissenes freundschaftsband beweinen. Von *renouamus* ist nicht die rede: *reuocamus* ist dafür wie an so vielen stellen herzustellen. Statt *atque* muss es doch *aut* heissen, jene gefühle sind trotz ihrer verwandtschaft doch sehr verschieden! Ferner ist *que olim missas* in *quo dimissas* zu ändern: so sagt Cicero Lael. c. 21 *amicitiam dimittere . i . dissociare*, vgl. *matrimonia dimittere*. Wir lesen also:

Quo desiderio ueteres reuocamus amores
Aut quo dimissas flemus amicitias.

XCVII, 1 *Ita me dii ament* schreibt Schwabe, besser *di* L. Müller, aber der hiatus verlangt *dei*.

2 *Utrum os an culum olfacerem Aemilio.*
vielleicht *utrum culum anne os o*. A.

XCVIIII, 16 *Numquam iam posthac basia surripiam.*

Es stehen gerade über einander die einander so ähnlichen Worte: — *quoniam poenam*
— *quamiam posthac*.

Da könnte freilich das *iam* in der zweiten zeile aus dem drüberstehenden *quoniam* sich eingeschlichen haben, mit Scaliger wäre, wie auch schon jüngere hdss. andeuten, *Non umquam posthac* zu lesen. (Weniger empfiehlt sich *Jam numquam posthac*.) Ich würde jedoch lieber *ego* einschalten: *Numquam ego iam posthac*. vgl. LXV 10.11 *numquam ego te . . . aspiciam posthac*.

CI 3 *Ut te postremo donarem munere mortis —*
das offenbar falsche *mortis* vielleicht durch *in artis* zu ersetzen?

LXV 9 *Alloquar audiero numquam tua loquentem*
audiero ist neben *alloquar* nicht blos überflüssig, sondern unsinnig; ein ausdruck des schmerzes liegt sicher darin, dass der bruder auf die worte des bruders nicht mehr zu antworten vermag. Der vers ist unvollständig überliefert; ich lese

alloquar, a! durumst, numquam te uoce loquentem!
ich halte *te* für notwendig, weil das *te* in v. 10 den eindruck einer wiederholung macht.

LXV 12 *Semper maesta tua carmina morte tegam.*

in folge von dittographie der letzten silbe von *morte* fiel eine andere silbe aus: lies *gemam*, worauf das *gemens* in folgendem auch deutet.

CVII, 1 *Si quoi quid cupido optantique optigit umquam*
 Insperanti, hoc est gratum animo proprie.

lies *exoptantique. insperanti* muss in *insperatum*, oder auch wie Mähly nach Heinsius vorgeschlagen in *insperati* geändert werden.

7ᵃ *Quis me uno uiuit felicior?*

lies *Quis me nunc u. f.*

7ᵇ *aut magis me (ss. hac) est*
 Optandus uita dicere quis poterit?

optandam uitam entlehne ich mit Ribbeck dem Dousa; im vorausgehenden ist, wie ich meine *a me!* zu lesen — wie c. XXI, 10 von Scaliger *a me me!* hergestellt worden ist. Also:
 aut magis, a me!
 optandam uitam dicere quis poterit?

Das wörtchen *a* ist bei dem mangel des *h* in den älteren hdss. an hunderten von stellen verdunkelt worden; was wunder, wenn es jetzt häufig bis zum überdruss wieder hergestellt werden muss.

CXI 2 *Aufilena, uiro contentam uiuere solo*
 Nuptarum laus est laudibus eximiis —

Mit dem einen gatten zufrieden zu sein, kann auch zu Catulls zeit nicht als besondres lob einer frau gegolten haben, sondern: *nuptarum laus est laudibus ex minimis:* „aber immerhin ist selbst eine, die nicht einmal diese erste pflicht erfüllt, sondern sich jedem anderen ergibt, noch besser als eine, die sich mit blutschande befleckte.

Catull konnte freilich auch ironisch sagen: es ist unter den heutigen verhältnissen eine zu hohe forderung, dass eine frau mit einem manne sich zufrieden gibt,
 nuptarum laus est laudibus ex nimiis —
(indessen muss sie doch die blutschande fliehen) — dazu passt aber ganz und gar nicht die dritte zeile: *sed cuiuis quamuis*

potius succumbere par est mit ihrem *quamuis* und *potius*, die einen gegensatz anzeigt, in der that aber nicht enthielte (du brauchst dich nicht mit einem zu begnügen — *aber* du darfst dich jedem hingeben, ausser —!!).

CXII *Multus homo es, Naso, nec tecum multus homost quin*
  Te scindat : Naso, multus es et pathicus.

Naso, ein strammer mensch, der sich seiner kraft wohl rühmt, aber neigungen hegt, die in gegensatz dazu stehen: sobald er mit einem anderen zusammenkommt, gibt er sich ihm hin. Diesen gegensatz zwischen seinem äusseren und seinen neigungen züchtigt der dichter.

Statt *scindat* ist vielleicht gar *scandat* zu lesen, vgl. Plautus Pseud. (I, 1, 21) 24.

CXIII, 1 *Consule Pompeio primum duo, Cinna, solebant*
  Mucillam —

In obscenem sinne ist *solere* höchstens durch Plautus Cist. I, 1, 38 belegt. Dem Mähly'schen *molebant* stelle ich c o l e b a n t entgegen.

CXIIII, 5. 6 Wie in 115 kann nur vom Mamurra selbst der reichtum prädicirt werden, nicht von einem seiner grundstücke. Das Mentula von Catull angeredet werde, dazu gibt die handschriftliche fassung keine veranlassung. Darum ist *saltu* in v. 1 durchaus gerechtfertigt, ob auch *firmano* herzustellen, kann fraglich sein; ich halte *firmanus* mit Haupt fest. Den vorzügen des *saltus* gegenüber sieht sich nun der dichter zum zugeständniss genötigt, dass Mentula in wahrheit reich sei. Dies zugeständnis (vgl. 86, 2 *Haec ego singula confiteor*) soll aber doch eine beschränkung erfahren. Durch „*dum omnia desint*" geschieht das schwerlich. Auch Westphal, der s. 197 mit einer phrase über die schwierigkeit hinweggleitet, hat keine pointe in diesen worten zu finden gewusst. „Ich will's zugeben", meint Catull, „doch entnehmt daraus nicht zu viel; mein zugeständnis soll kein günstiges omen für Mentula enthalten: d u m o m i n a d e s i n t. Im folgenden könnte man vermuthen:

Saltum laudemus, dum domino (moecho?) ipse egeat.
Indessen *ipse* muss doch den herrn selbst bedeuten; da schreibt man am besten mit bezug auf den namen Mentula (vgl. 115,8 *mentula magna minax*): *dum modicum ipse egeat.*

  CXV, 2 *cetera sunt maria* —
vgl. dazu Sallust Catilina 13,1 *subuorsos montes, maria constructa.*

    4 *Vno qui in saltu totmoda possideat.*
tot moda scheint verderbnis für *tot commoda*, also:
  tot qui uno in saltu commoda possideat,
wenn nicht vielleicht *saltu* einem aus zwei kürzen bestehenden worte platz machen muss, da *saltus* wieder in v. 5 eintritt.

  CXVI, 1 *Studioso animo uenante requirens* —
statt *uenante* lies *uelut ante*.

    8 *Contra nos tela ista tua euitamus amictu,*
     At fixus nostris tu dabis supplicium.
euitabimus amicta geben die hds. Von dem *amictus* ist wol nicht die rede gewesen; *euitabimus* weist darauf hin, dass ein zweisilbiges oder wenigstens für zweisilbig geltendes wort einst hier gestanden haben muss; das kann nur *iambis* sein. Als die zweisilbige messung desselben aufkam, schlich sich aus dem folgenden verse das futurum ein. Das verbum *euitare* selbst bedarf zu seiner unterstützung den beisatz von *amictu* gar nicht. Also:
  Contra nos t. i. t euitamus: iambis
  At fixus nostris tu dato supplicium.
Liegt in dem *[am]icta* der hds. eine varia lectio für *ista*?

  Die herausgeber haben sich gescheut die worte des Porphyrio ad Horat. c. I 16, 23 „*Catullus, cum maledicta minaretur, sic ait*: „*at non effugies meos iambos*" wirklich für das fragment eines gedichtes in hendecasyllaben zu erklären: sie meinten der commentator habe aus dem gedächtniss citirend einen gedanken aus c. XXXX, 2 (*agit praecipitem in meos iambos* vgl. LIIII, 6 *irascere iterum meis iambis*, XXXVI, 5 *si desissemque truces uibrare iambos*, vgl. auch Ovid Rem. Am. 377 *liber in aduersos hostes stringatur iambus*. Horat. c. I 16, 24 *pectoris feruor .. in celeres iambos Misit furentem* I 16, 3 *quem criminosis cumque uoles modum Pones iambis*) entlehnt, dessen metrum ihm erinnerlich sein mochte, und dieser habe sich ihm zum verse unbewusst gestaltet. Das ist sehr annehmbar, (er könnte dazu Vergils worte A IX 747 „*at non hoc telum mea quod ui dextera uersas Effugies*" benutzt haben), nur, meine ich, ist der gedanke ihm zunächst aus dem schluss unseres gedichtes, dem schluss der ganzen sammlung, gekommen, wie er jetzt verbessert vor uns liegt, die form allerdings hat ihm jenes lied gegeben.

Zur Appendix Vergiliana

Um eine ausgabe der Dirae, die demnächst erscheinen soll, etwas zu erleichtern, mag es gestattet sein, die folgenden bemerkungen hier anzureihen.

Die Dirae sind als integrirender theil einer sammlung von dem Vergil mit mehr oder weniger recht zugeschriebenen gedichten überliefert, von der es folgende handschriftenreihen gibt.

I Unter *a* fasse ich zusammen die hdss. $A\ B\ C\ P(p^2)\ p^3$

$A =$ Augustanus zu Trier (vgl. Näke s. 356); eine vergleichung nach der getreuen copie Näkes habe ich publicirt in der Berliner Z. f. d. Gymnasialwesen N F II (1868) s. 773—777, nach der handschrift selbst J. Klein Rh. M. XXIV (1863) s. 607—614; die lesarten der Dirae hat Klein nicht mitgeteilt, weil Näke sie bereits geliefert, ich nicht, weil ich eine ausgabe der Dirae damals schon druckfertig hatte.

$B =$ Bembinus Vaticanus 3252 (Ribbeck p 31)

$C =$ Thuaneus 8069 (Y bei Ribbeck, vgl. dort p 28, Riese Anth. lat. II XIII ff)

$P =$ Petavianus (Näke s. 338) er ist unzweifelhaft identisch mit $p^2 =$ Parisinus 7927 (Näke s. 344)

$p^3 =$ Parisinus 8093 (Paris. III Näkes s. 344, Riese Anth. II XXI f. und LXXVII) zu ihnen dürfte sich wol noch ein und der andre derzeit übersehene Vergilcodex gesellen, so vermutlich der Viechtianus bei Jäck aus s. XI.

Die ordnung der gedichte ist hier fest bestimmt folgende:

1 *Culex* 2 *Dirae* 3 *Copa* 4 5 6 *Est et non, Virbonus, Rosae* 7 *Moretum.*

Aber vor und hinter diesen gedichten stehen eine anzahl stücke, die ursprünglich wie es scheint mit der sammlung verbunden waren. Den gedichten voraus geht 1) eine vita in deren überschrift *(B C)* Epidius als lehrer des Vergilius (nicht wie Riese Anth. II p. XV meint als verfasser der vita) bezeichnet wird: *De nobilitate ac die atque tempore natiuitatis atque longitudine temporis uitae Publii Virgilii Maronis discipuli Epidii oratoris incipit* (so *B, C* weicht wenig ab.) Ihr schliesst sich wie es scheint 2) die vita des Donatus an. Es folgen 3) die uersus Ouidii Nasonis de Vergilio (*Vergilius magno* — *A B C,* Anthol. lat. Ries. n. 1), 4) die sammlung mit der überschrift *(A P C,* auch in *B?): Poetarum sapientissimi Publii Virgilii Maronis condiscipuli Octauiani Caesaris Augusti mundi imperatoris Juuenalis ludi libellus incipit;* eine unterschrift ist aus *B* überliefert:

Septem ioca iuuenalia Virgilii finiunt

(in *A* ist raum dafür gelassen, über die andern hdss. fehlt nachricht.) Darauf 5) das gedicht *Ergone supremis* mit der überschrift: *Octauiani Caesaris Augusti uersus de laudanda ac adfirmanda arte Virgilii post mortem illius incipiunt* (so *B p³, de laudanda arte ac sublimanda per secula Publii Virgilii* gibt *P p²*).

Dahinter 6) *Carmen tetrasticon Ouidii Nasonis incipit* (*B*) als überschrift der verse *Qualis bucolicis.*

Dieser sammlung schlossen sich sodann ursprünglich die drei grösseren werke des dichters an (so in *B p²*) mit der überschrift der Eclogen: *P. V. M. carmen bucolicon in quo Theocritum uicit incipit feliciter. Dramaticon mysticon. Meliboeus Tityrus.*

IIA) der Helmstädter codex gibt f 62—77 dieselben gedichte doch in andrer ordnung:

4 5 6 *Vir bonus*, *Est et non*, *Rosae*, 1 *Culex* 2 *Dirae* 7 *Moretum* 3 *Copa*. Das ist offenbar nur eine verrückung der in der ersten reihe beobachteten ordnung; ein sicheres zeichen dafür ist, dass zwischen Moretum und Copa das epitaph des Balista aus der uita Donati steht; es konnte das ursprünglich nur hinter dem letzten stück der sammlung gestanden haben, eine stellung die das Moretum sonst einnimmt. So steht dasselbe epigramm auch im Thuaneus mit andern versen derselben vita *(Nocte pluit — Hos ego versiculos —)* hinter dem Juuenalis ludi libellus. Von den zwischen Dirae und Moretum ausgedrängten gedichten wurden die drei Ausoniana an den anfang, die Copa ans ende der sammlung gestellt, vielleicht auf anlass einer blattverstellung. Eine selbständigkeit des codex kann ich also hier nicht entdecken; übrigens fehlt der titel des Juuenalis ludi libellus und Vergils name ist nur vor den Catalepta *(Catalepton Virgilii incipit)*[*] im codex zu finden. Für den weiteren inhalt der Helmstädter hds. haben wir eine bessere grundlage in in dem Bruxellensis, zu dem wir übergehen.

IIB) Der Bruxellensis umfasst jetzt:

Ciris (fragment 458—541) *Catalepta* (an ihrer spitze, wie überall in den hdss., die drei gedichte *Vere rosa — Ego haec — — Hunc ego)*, das epigramm *Vate syracosio*. Dann *Quid hoc novist*, endlich die elegie *Maecenas*.

---

[*] „*Dic quid significent catalepta Maronis*" gibt bei Ausonius Technop. Grammaticomastix 5 (ed. Bip. s. 203) der Vossianus F. 111. Die form *catalecton* beruht nur auf einem nicht seltenen wechsel der buchstaben c und p in der aussprache, der in den archetypus der Donatvita gedrungen. Die erklärung Bergks als κατὰ λεπτόν wird durch dies zeugniss des Ausonius, der wie auch am natürlichsten catalepton als genetiv gefasst hat, hinfällig. Was man nach Vergils tode von kleineren dichtungen auffand, scheint man unter dem titel καταληπτῶν vereinigt zu haben. Von dem räthselhaften CATL vor einer stelle des Martial in den Exempla poetarum ed. H Keil, und ähnlichem muss man fürs erste völlig absehen.

Wir haben hier (wenn wir von dem muthmasslich aus der hds. verlorenen Aetna absehen) alles vereinigt was **der 2. teil des Helmstadiensis** (f. 77—107) hinter dem Iuuenalis liber bietet, welcher titel vor der hand nur der sammlung im Bembinus und seinen genossen zukommt, und zwar **in derselben ordnung** (des Aetna ehemalige stellung kennen wir nicht), nur dass Maecenas im Brux. am ende steht, im Helmst. am anfang. Das „Vate Syracosio" für den epilog einer grösseren sammlung zu erklären und danach Maecenas für falsch gesetzt zu erachten, haben wir kein recht; im gegenteil wird der codex Brux., dem sich auch der Rehdigeranus anschliesst, als zeuge für seine zugehörigkeit zu den Catalepta als einer abgeschlossenen sammlung gelten müssen; hier und sonst nirgends findet sich dies epigramm (in allen hdss. der Catalepta $B H R Z$; ob auch in $X =$ Voss. 78 chart. und den edd. Basil. und Ald. II?); so ist es auch vom sammler des Rehdigeranus aufgefasst worden, der die Catalepta an ganz andrer stelle (n. 25 *Ausonii monosticha de aerumnis Herculis*, n. 26 *Quid hoc nouist* = Tibull. 14, n. 27 *Catalepta*, n. 28 *Juppiter in caelis* = Anthol. 782 R.) hat.

II C) Der Rehdigeranus nun, in welchem das Iuuenalis ludi libellus ganz fehlt, hat den Inhalt des Bruxellensis, soweit er dem 2. teil des Helmst. entspricht, vollständig, nur **in verschobener ordnung**; er stellt Maecenas Aetna Ciris um: *Ciris Aetna Maecenas;* den Catalepta hat er ihre stelle hinter den XII Sapientes eingeräumt (welche in H gleich auf die Catalepta folgen) unter einer Anzahl kleinerer gedichte (die in H fehlen, wie die oben genannten n. 25 und 28); vorauf geht in ihm den Cataleptis das *quid hoc nouist*, welches der Bruxellensis ihnen folgen lässt, der Helmst. ganz übergangen hat.

Wir werden der Helmstädter wie der Rehdigerschen hds. fast völlig entrathen können, wenn es uns gelingen sollte, die fragmente des Brüsseler codex wieder zu finden. Das dürfen wir aber hoffen. Es ist nämlich nicht zu zweifeln, dass das Aetnafragment, dessen vergleichung Bormans in den Bulletins de l'académie royale de Belgique tome XXI 1854 p. 258—379 gegeben hat, eben dieser hds. einst angehörte. Dasselbe enthielt nach Bormans angabe s. 260 f. *Copa* und *Moretum* vollständig, einen grossen teil der *Dirae* und etwa 200 verse des *Aetna*, von denen ihm 170 zu vergleichen gelungen ist. Die rückseite von zwei oder drei blättern war durch ungeschicktes abreissen vom holzdeckeleinband vernichtet (er schätzt aus erinnerung s. 377 den verlust auf 4 columnen in folio mit etwa 150 versen), ihren inhalt berücksichtigt Bormans nicht, auch nicht die stücke „*Est et non, Vir bonus etc*", die er nicht verglichen hat.*) Ganz gelegentlich teilt B. mit, dass die hds. in doppelcolumnen geschrieben war. Dass er das format auf folio, als alter das XI. jahrhdt. angibt, während der Bruxellensis formae minoris s. XII non antiquior genannt wird, dürfte wider die vermutung, dass sie zusammengehörten, nicht sprechen. Ich wandte mich vor nun zwei jahren wegen dieser fragmente, die der i. j. 1872 als curator der universität Lüttich verstorbene Polain früher in seiner eigenschaft als archivar der provinz Lüttich aufgefunden, an Herrn dr. August Scheler in Brüssel, der die güte hatte nähere erkundigung beim archiv wie der universitätsbibliothek zu Lüttich einzuziehen, die leider erfolglos war; man vermuthet, dass sie als privatgut des finders mit vielem andern nach England verkauft worden seien.

Die 2. sammlung, als deren hauptvertreter wir den Bruxellensis erkennen, ist sicherlich keine zufällige, sondern ebenso mit absicht geschaffen wie die erste, trotzdem der sammler von einem besonderen titel, wie er sich in inscriptionen oder subscriptionen aussprechen würde (vgl. ausser dem Juuenalis ludi liber auch die epigrammensammlung des Luxorius), abgesehen hat. Sie ist lange nach der ersten sammlung und mit bezug auf dieselbe entstanden;

---

*) Man sieht, die hds. hatte dieselbe ordnung wie *H*, nur dass Bormans, der einzelne blätter vor sich hatte, den inhalt in umgekehrter folge (*Copa Moretum Dirae*) aufführt. Nur *Culex* und ein teil des *Aetna* fehlt, die *Rosae* hat Bormans wohl nur übersehen.

sie folgt der ersten (von der sie in Rehdigeranus sich sogar losgelöst hat) und kein gedicht jener hat in diese aufnahme gefunden.

III Auf einer vereinigung beider sammlungen, wie die Brüsseler hds. sie bietet, beruht die in meinem apparat mit *ω* bezeichnete handschriftenclasse, deren glieder sämmtlich in München lagern: *T* = Tegernseensis *M* = Monacensis I *W* = Weyhenstephanensis — der Rehdigeranus I in Breslau kommt als reine abschrift von *W* nicht mehr in betracht. In ihnen haben sich mehr zufällig als in absichtlicher auswahl einige stücke des Juuenalis ludi liber mit stücken der zweiten sammlung zusammengefunden, und zwar in folgender ordnung:

Moretum Maecenas Dira Priapea (Quid hoc nouist) Copa

Dira und Copa die in *a* aufeinander folgen, sind nur zufällig hier durch das Priapeum getrennt; dass Moretum auch in der hds., auf welche die Klasse *ω* zurückweist, nicht an erster, sondern an letzter stelle im Juuenalis ludi libellus stand, und der Maecenas die zweite sammlung eröffnete gerade wie im Helmstadiensis, zeigen wieder die zwischen ihnen eingeschobenen gedichte: *Ut belli sonuere tubae* (Riese 392) und *Sus iuuenis serpens* (Riese 160, und zwar in folgender fassung und verbindung mit anderen versen:

Sus iuuenis serpens casum uenere sub unum.
Hic fremit ille gemit, sibilat moriens hic
Anguis aper iuuenis pereunt ui uulnere mortis
Sus periit telo, serpens pede uirque ueneno.
Hic locus est fulgens ad sidera semper apertus.
Corpore sum gelidus ardet dum spiritus in me.
Sed corpus gelidum perficit et calidum.)

die eine ähnliche stellung im Thuaneus einnehmen. Mit den hdss. *a* hat die classe *ω* nun auch andres gemeinsam, die Epidiusvita nebst der des Donat, die *Versus Octaviani Caesaris de laudanda arte Virgilii, Versus Ouidii Nasonis (Virgilius magno),* das *carmen tetrasticon Ouidii Nasonis (Qualis bucolicis),* ebenso die überschrift der *Bucolica: P. V. M. Bucolicon Incipit Exagematicon, Dramaticon, Misticon, Meliboeus.*

Wir sind bei den Dirae genöthigt, dieser hdss.-classe eine stelle neben *a* einzuräumen; gleich hohen werth beansprucht dieselbe in den übrigen stücken, von denen für Moretum und Copa Ribbeck eine collation durch Halm erhielt; für die Maecenaselegien und besonders des Priapeum, das in den anderweitigen hdss. ja bis zur sinnlosigkeit entstellt ist, ist das noch nicht ausdrücklich anerkannt worden, obwohl freilich aus ihr die lesbaren texte hergeleitet zu sein scheinen; beide stücke lassen nun auch einen vergleich mit dem Bruxellensis zu, und dieser vergleich fällt nicht zum nachteil von *ω* aus, hauptergebnis bleibt freilich, dass wir künftig von Rehdigeranus und Helmstadiensis in bezug auf die wortkritik absehen können, wenngleich der erstere (R) einigemal entschiedene textbesserungen liefert, die ich bei der anderweitigen zerrüttung der texte in dieser hds. bedenken tragen muss, als conjecturen aufzufassen.

Ich glaube, dass diese classe *ω* auf einer sehr alten und ihres alters wegen der zerstörung entgegensehenden handschrift beider sammlungen beruht, vielleicht derselben, aus der das alte Florentiner fragment des Aetna sich in einem kümmerlichen rest gerettet hat*). Reste eines zweiten exemplars der vollständigen sammlung gibt der Cantabrigiensis 2076 s. IX/X. den für Aetna Munro, für Culex Ribbeck benutzt hat. Dass hier nicht von specialausgaben die rede sein kann, zeigt die mit dem Thuaneus übereinstimmende subscriptio des letzteren: *Libellus qui nominatur Culex Virgilii Maronis finit,* vor dem Aetna stehen die worte: *P. Virgilii Maronis Aethna Incipit.*

Ohne zweifel war die erste sammlung des Juuenalis ludi lib. mit den beilagen ursprünglich bestimmt den prodromus einer umfassenden ausgabe der werke Vergils zu bilden, indem man

---

*) Gyraldus schrieb das zu seiner zeit noch vollständige exemplar des Aetna ab; seine copie dürfte sich doch wohl noch irgendwo in Italien erhalten haben; vgl. L. Jeep „die handschriften von Claudians Raptus Proserpinae (Acta soc. phil. Lips. I.) p. 354.

die von Donatus und Seruius*) bezeichneten gedichte, soweit man ihrer habhaft werden konnte, mit etlichen anderen weit jüngerer zeit (die dem Vergil durch irgend einen irrtum, dessen grund wir nicht klar erkennen, beigelegt wurden) verschmolz. Ihre verbindung mit der zweiten sammlung, welche den jenem ersten sammler seiner zeit nicht zugänglichen rest der kleineren werke und andere, die eine falsche tradition oder mutmassung dem Vergil zuschrieb, vereinigen sollte, scheint nun zugleich mit der loslösung von den drei grösseren werken des dichters erfolgt zu sein, in der absicht, ein besonderes corpus der kleineren Vergiliana herzustellen. Denn wir finden, abgesehen von Helmstadiensis und der classe ω, die den character einer jüngeren neuen vereinigung offen an sich tragen, in **keinem Vergilcodex** gedichte der zweiten sammlung wieder.

Keine spur in der textgeschichte unserer gedichte führt über diese beiden sammlungen hinaus; alle hdss, und erst recht die in jüngeren jahrhunderten auftauchenden mannigfach corrumpirten und interpolirten separatabschriften der einzelnen gedichte sind nur auf sie zurückzuführen.

Jedoch sind hier die drei kleineren gedichte *Vir bonus*, *Est et non*, *De rosis* auszunehmen; von denen die ersten beiden durch die auctorität des Vossianus F. 111 dem Ausonius zugewiesen werden, das dritte, de rosis, das da fehlt, sicher keinen älteren verfasser hat; ob der verschollene codex des Accursius, der es gleichfalls dem Ausonius zuschreibt, den bekannten hdss. dieses dichters gegenüber, die von diesem gedicht nichts wissen, solche

---

*) Zwischen beiden beschränkt sich die ganze verschiedenheit auf die reihenfolge der gedichte; dass die von Servius überlieferte *Copa* auch bei Donat ehemals stand, ist nicht zu bezweifeln. Unter *epigrammata* (abgesehen von den *in Balistam* und *Mantua me genuit*) werden eine reihe kleinerer gedichte zu verstehen sein, zu deren verfasser eine unechte überlieferung ihn machte, wie z. B. Anthol. lat. Ries. 673—675, (das letzte derselben stammt nach Aldhelm *Virgilii ex libro quem paedagogum praetitulavit*) ferner 160, 256, 257, die auch in die interpolirte vita des Donat eingang gefunden, (257 citirt Aldhelm als „*Virgilius in tetrastichis theatralibus*) endlich vielleicht 258—260.

auctorität beanspruchen darf, mag dahingestellt bleiben; dass ihm dort durch die überschrift *egloga* die stellung in dem eclogarium eingeräumt wird, in welches es seinem inhalt nach ganz und gar nicht passt, spricht sicherlich nicht dafür.

Erst nach des Ausonius zeit also kann jene erste sammlung entstanden sein, vielleicht in dem zeitalter, dem auch die salmasianische anthologie ihre entstehung verdankt. Manches gedicht des Ausonius mag schon früh ohne den namen seines verfassers verbreitet worden sein: so schreibt Beda Anthol. lat. n. 640 einem *Quidam ueterum* zu.

Das gedicht *Ergone supremis* ist unserer sammlung durchaus eigenthümlich zugehörig und nirgends sonst überliefert.

Die argumente hingegen, die dem Ovid zugeschrieben werden, finden sich schon im codex Romanus des Vergilius, und eine grosse verwandtschaft mit diesem haben nach Ribbeck (Proll. p. 229) die lesarten des unzweifelhaft in beziehung zu der klasse *a* stehenden Bernensis 172 s. X., ohne dass doch letzterer eine abschrift des Romanus darstellte.

Wir haben es, das ist klar, mit einer weitverbreiteten handschriftenfamilie der Opera Vergiliana zu thun, welche allem anschein nach ihren stammsitz in Frankreich hat, wie dies land auch jetzt noch einen grossen teil der in frage kommenden hdss. birgt, trotzdem so vieles nach Bern, Rom und anderwärts hin, verschlagen worden ist. Der Romanus selbst hat einst noch im 13. jahrh. dem kloster St. Denys angehört.

Weitere untersuchungen über die entstehung und herkunft der Scholia Bernensia, für die das in Paris lagernde material leider noch zu wenig bekannt ist*), werden möglicherweise auch auf die entstehungszeit des Iuuenalis ludi libellus licht werfen; die vermuthung, dass beide eng zusammenhängen, dürfen wir nicht zurückhalten.

---

*) Duebner in Z. f. A. W. 1834 p. 1228 gibt nicht einmal näher den codex an, aus dem seine mitteilungen stammen, unter denen das bekannte scholion zu Ecl. 3, 90 mit dem namen des Adannauus besonders uns interessirt.

Als characteristisch für die handschriftenclasse ω mag hierbei bemerkt werden, dass sie nichts von den Berner scholien aufweist, sondern einen hier und da verkürzten Seruius gibt.

Von allen den Virgil-hdss. die mit α sich berühren dürfte für die kritik der grösseren werke des dichters wenig, aber doch soviel gewonnen werden, die im Romanus erhaltene recension von den willkürlichkeiten und irrungen des barbarischen librarius dieses ältesten erhaltenen gliedes einer grösseren familie zu reinigen; ein anderer vorteil wäre dann die erleichterung des apparats, der durch die varianten von teils willkürlich gewählten, teils zufällig dargebotenen kritischen hülfsmitteln untergeordneter art, wie die Berner hdss. sind, allzusehr beschwert wird.

Doch kehren wir zu dem zurück, was über die einzelabschriften und ihren ursprung gesagt ist: es erwächst für uns daraus die pflicht, diese gedichte, denen allen dieselbe kritische grundlage gemeinsam ist, künftig (wenn nicht ein anderer zweck, etwa eine fragmentensammlung oder eine blumenlese, ein anderes verfahren aufdringt) wiederum in der verbindung, in die sie einst gebracht worden sind, zu ediren, d. h. als **appendix uergiliana**, mit den ihr eigenthümlichen zugaben: den **vitae**, den **argumenta**, den **versus Octaviani**; lässt sich doch auch bezüglich der Donatvita noch nicht sicher feststellen, ob für unsere kenntniss derselben eine andere quelle als unsere sammlung anzunehmen, wenn gleich in den bisher benutzten handschriften, selbst im Bembinus, der brief des Donatus an Munatius, der sich im Pithoeanus (Paris suppl. lat. 1011 s. IX.) findet, zu fehlen scheint.

Es ist mir nicht möglich gewesen, für meine bemerkungen zu Catull die neueste leistung für diesen dichter, die Analecta Catulliana von E. Bährens, zu benutzen: nur einmal (s. 52) hat mich der zufall in den stand gesetzt, sie zu nennen. Ich freue mich, einigemal mit dem verfasser zusammenzutreffen, wie 64, 111 184 395, während ich allerdings öfter ursache habe, ihm zu widersprechen. Auch R. Ellis' ausgabe ist mir erst ganz neuerdings zugänglich geworden. Ich ersehe aus ihr, dass 57,7 der Oxoniensis lecticulo bietet, 61,25 honore schon in einem Harlejanus und der ersten Aldina steht, 64,119 dass luctu schon Parthenius gefunden, 193 anguineo vulgata ist; 227 obscura doceat vermuthet schon Estaço, 273 leuiter resonant hat Ellis im text; 67,34 hat tuae schon Scaliger, 68,157 auspex schon Lipsius vorgeschlagen.

Das bedenken, welches ich s. 36 z. 18 geäussert, muss ganz weichen, wenn man auf verse trifft, wie Ovid M. V. 390: Frigora dant rami, tyrios humus umida flores; vgl. Wackernagel kl. schr. II. 16 anm. Catull's c. 86 hat ein dichter der Anthol. c. 446 nachgeahmt (Formosa es, fateor, diues generosa uenusta: Confitear, si uis, omnia), c. 114 vielleicht derselbe in c. 443, in welchem v. 7 laudent zu schreiben ist.